Johann-Günther König

Weird
ENGLAND

55 auch unverschämte Fragen an das Land der Royals und Pubs

Für Aviva, Zeev und Liesel

Impressum

© Bruckmann Verlag GmbH
Infanteriestraße 11a
80797 München

ISBN: 978-3-7343-3252-4

Autor: Johann-Günther König
Produktmanagement: Susanne Kaufmann
Lektorat und Korrektorat: Charlotte von Schelling
Umschlaggestaltung: Mathias Frisch
Satz: Röser MEDIA, Karlsruhe
Druck und Verarbeitung: Printed in Poland by CGS Printing

Umschlagabbildung: © shutterstock/Tomas Marek

INHALT

HOW DO YOU DO?

Wie sollte eine in England angekommene Person auf die übliche Anrede »How do you do?« reagieren? Im Internet lautet der Ratschlag: »Fine, thanks«. Daran ist nichts auszusetzen, jedenfalls empfiehlt sich nicht gerade die Antwort: »You're weird!«

Das im Englischen wie »wiehrd« klingende Wort steht im maßgeblichen *Oxford English Dictionary* für all diese Adjektive: seltsam, merkwürdig, eigenartig, gruselig, gespenstisch, befremdlich, sonderbar, komisch, überirdisch, außergewöhnlich, absonderlich, verschroben, kauzig, versaut, verblüffend, queer. Die Frage, ob die in England lebenden Leute **a little weird** sind, lasse ich vorsichtshalber offen.

Im Deutschen wird »weird« seit einiger Zeit zunehmend als Anglizismus verwendet. Im Internet stehen oft die Bedeutungen »seltsam, sonderbar oder verrückt«. In der Tat werden in politischen Artikeln Sachverhalte als »streckenweise ein bisschen weird« bezeichnet (*Die Zeit*) und finden sich in der schönen Literatur Sätze wie: »Einmal sagte sie: Because you're weird and annoying.« (*Claudia Schumacher*). Anders als in England aber wird der Begriff hierzulande in der Regel nur negativ besetzt.

Weird England – in den folgenden 55 Kapiteln versuche ich, eigenartige und auch sonderbare nationale Geschichtsereignisse, Hervorbringungen, Alltagserscheinungen und anderes mehr auf den Punkt zu bekommen. Ich hoffe, dabei nicht als **Ultracrepidarian** wahrgenommen zu werden, denn ein solcher hätte hier seine von jeglicher Sachkenntnis ungetrübte Meinung zu jedwedem Thema untergebracht… Allerdings kann ich wie die Engländerinnen und Engländer nur ein **Sorry** bekunden, wenn Leserinnen und Leser etwas für sie Wichtiges vermissen. Dieses Buch ist ja nicht unendlich lang.

In William Shakespeares *König Richard II.* preist im zweiten Aufzug John of Gaunt »dies Reich, dies England« als das »zweite Eden, halbe Paradies« zum »weniger beglückter Länder Neid«. Aber trifft das heute noch zu? Hinter den gepriesenen vielfältigen Landschaften Englands mit ihren sechs Millionen km^2 Parks und Grünanlagen, den fast eine halbe Million denkmalgeschützten Gebäuden und 12.000 mittelalterlichen Kirchen warten so verblüffende Realitäten wie etwa blechern ausufernde Wohnwagenparks. Ach ja, generell gilt es, das im Lande ausgeprägte Klassenbewusstsein nicht zu unterschätzen. In zahlreichen Fernsehserien scheint es zum Teil wenigstens auf: zum Beispiel in *The Crown*, *Downton Abbey*, *Inspector Barnaby*, *Der junge Inspektor Morse*, *Stolz und Vorurteil* und in den Filmromanzen von *Rosamunde Pilcher*.

Der bedeutende englische Autor Julian Barnes beschreibt in seinem 1998 erschienenen Roman *England, England* das postmoderne Projekt eines Multimillionärs, der die Nation in Form eines Freizeitparks auf der Isle of Wight nachbilden lässt. All das, was im Ausland als typisch englisch gilt, ist dort nachgebaut. Aufgrund des großen Erfolgs erklärt sich die Touristenhochburg *England, England* schließlich zum unabhängigen Staat und wird Mitglied der Europäischen Union. Das eigentliche »Old England« aber verlässt die EU.

In der Folgezeit entvölkert sich die traditionsreiche Nation und verwandelt sich in ein entindustrialisiertes Agrarland. Die Regierung verbietet »jeglichen Tourismus bis auf Reisegruppen von maximal zwei Personen« und führt »ein höchst kompliziertes Visasystem ein«, schreibt Julian Barnes, der Ende der 1990er-Jahre nicht wissen konnte, dass 2016 von der englischen Mehrheit im Vereinigten Königreich tatsächlich der Austritt aus der EU beschlossen werden würde.

Auch nach dem ins Brexit-Votum und die verstärkte Isolation führenden Aufbegehren des englischen Nationalismus sind touristisch Reisende im Lande William Shakespeares noch geachtet, wenn auch häufig aus wirtschaftlichen Gründen. Die Deutschen unter ihnen waren lange ein beliebtes Objekt englsicher Witze und Satire, häufig in Verbindung mit den Nazis und dem Zweiten Weltkrieg. Die bis Ende 1941 anhaltenden zerstörerischen deutschen Luftangriffe auf London, Birmingham, Coventry, Manchester und Sheffield sind unvergessen.

Natürlich stelle ich mir die Frage, wie ich eine Person nenne, die divers ist. Angenommen, sie singt professionell. Im Englischen könnte ich nun die Geschlechtlichkeit durch das Wort **they** in der Einzahl aufheben: »A brillant singer knows how they can entertain the audience.« Denn das »they« schließt alle Geschlechteridentitäten ein, indem es sie nicht benennt. Da mir eine solche diversitätsbewusste Lösung in der deutschen Sprache nicht geläufig ist, kann ich nur zusichern, dass dieser Text garantiert niemanden ausgrenzen möchte.

1

Ist England der **Cockwomble** von Groß-britannien?

ZWEIFELLOS. ENGLAND IST SCHLIESSLICH VIEL GRÖSSER UND DOMINANTER ALS SCHOTTLAND UND WALES.

Cockwomble gehört zu den neuerdings gebrauchten Wörtern im anglophonen Bereich; es dient zur Bezeichnung eines (meist männlichen) Wesens mit überzogener Selbstwahrnehmung. England liegt auf einer Insel mit Schottland und Wales. Dieses Eiland wird kurz **Britain** (Britannien) gerufen. Den größten Teil des südlichen Bereichs bildet England. Es grenzt im Norden an Schottland, im Westen an Wales und die Irische See, im Osten an die Nordsee, im Süden an den Ärmelkanal und im Südwesten an den Atlantik. Die Geographie im zentralen und südlichen England ist geprägt durch Hügel und Ebenen, im Norden und Südwesten gibt es auch Hochland.

Einen als Tausender zu bezeichnenden Berg sucht mensch vergebens; der höchste ist der **Scafell Pike** mit 978 Metern. Der Fluss **Thames** (Themse) ist berühmt durch das **Boat Race**, der alljährlich ausgetragenen Ruderregatta zwischen den beiden englischen Universitäten Cambridge und Oxford.

Zur Unterscheidung von **Brittany** (Kleinbritannien) – genauer gesagt: der Bretagne in Frankreich – gibt es für Britain die durchaus pompös klingende Bezeichnung **Great Britain.** Großbritannien umfasst also auch Schottland und Wales. Die Einwohnerzahlen der jeweiligen Länder nähern sich diesen Größenordnungen: England fast 58.000.000, Schottland 6.000.000 und Wales 3.500.000.

Großbritannien gehört zu dem im Nordwesten Europas gelegenen Archipel **British Isles** (Britische Inseln), und zwar zusammen mit Irland, Shetland, Orkney, den Scilly-Inseln, den Hebriden, Anglesey, der Isle of Wight und der Isle of Man. Letztere liegt in der Irischen See und ist direkt der britischen Krone unterstellt – GOD SAVE THE KING – und stellt als Steueroase und Sitz von Offshore-Unternehmen ein gesondertes Rechtssubjekt dar.

Bemerkenswerter Weise gehört die **Isle of Man** weder zum vielbeschworenen **United Kingdom** (Vereinigtes Königreich), noch zu den

14 **British Overseas Territories** (Britischen Überseegebiete) und war nie Mitglied der Europäischen Union. Das gilt auch für die vor der französischen Küste im Ärmelkanal liegenden **Channel Islands**, die als selbstverwaltete Kronbesitzungen auch gesonderte Rechtssubjekte sind, darunter die touristisch beliebten Kanalinseln Jersey und Guernsey.

GOOD TO KNOW

Zu den **British Overseas Territories** gehören: Anguilla, Bermuda, Gebiete in der Antarktis und im Indischen Ozean, die Falklandinseln, die britischen Jungferninseln, die Kaimaninseln, die Turks- und Caicosinseln, Gibraltar, Montserrat, Pitcairn, St. Helena samt abhängiger Gebiete (Ascension, Tristan da Cunha), Südgeorgien und die südlichen Sandwichinseln, die unter britischer Staatshoheit stehenden Militärstützpunkte bei Akrotiri und Dhekelia. Diese den Commonwealth bildenden Territorien sind nicht Teil des Vereinigten Königreichs, sondern der britischen Krone unterstellt. Sie verfügen über eine eigene Legislative, Exekutive, Judikative und ein eigenes Haushalts- und Steuersystem. Auch die **Channel Islands** Alderney, Guernsey, Jersey und Sark sowie die Isle of Man sind Crown Dependencies. Sie sind weder Teil des Vereinigten Königreichs noch gehören sie zu dessen Überseeterritorien.

Was es mit dem United Kingdom auf sich hat, wird deutlich, wenn ich den staatstragenden Begriff vollständig nenne: **United Kingdom of Great Britain and Northern Ireland** (Vereinigtes Königreich von Großbritannien und Nordirland) und besteht aus den vier **countries** (Ländern): England, Schottland, Wales und Nordirland. Allerdings prangt erst seit Ende September 2021 das entsprechende Kürzel **UK** als Nationalitätszeichen auf den in England, Schottland, Wales und Nordirland zugelassenen Fahrzeugen. Zwar erhob sich damals in Großbritannien einiger Unmut über die Änderung der nationalen Kennung, denn mit dem bis dahin aus Great Britain hergeleiteten **GB** identifizierten sich viele Engländer, Schotten und Waliser. Die ein Auto besitzenden

Nordiren hingegen fühlen sich durch das UK-Zeichen endlich wirklich ernstgenommen – schließlich lag und liegt die Provinz nie auf britannischem Boden. Übrigens ist es unstatthaft, die drei Bezeichnungen England, Großbritannien und United Kingdom – wie so häufig hierzulande – als Synonyme füreinander einzusetzen.

ENGLISCHE ART

2

Was hatte es mit **New Labour** auf sich und ist es seit 2024 wieder da?

DIE *LABOUR PARTY* KAM 1997 INS RENNEN UND GERIERTE SICH BIS 2010 MIT DEM »DRITTEN WEG« ALS *NEW*. SEIT 2024 IST *LABOUR* WIEDER AN DER MACHT, WIRKT ABER BEREITS ZIEMLICH *ALT*.

Im ausgehenden 20. Jahrhundert wohnte ich einige Meilen entfernt vom Seebad Brighton am Ärmelkanal. Dort erlebte erlebte ich 1997 die Jubelfeiern, als **New Labour** unter Tony Blair einen großen Wahlsieg über die **Tories** errungen hatte. Bunte Gruppen des Dienstleistungsprekariats, die **working poor** – darunter Kellner und Kassiererinnen –, fuhren in offenen Doppeldeckerbussen durch die Stadt und feierten das erhoffte Ende der ab 1979 unter Margaret Thatcher praktizierten neoliberalen Wirtschafts- und Gesellschaftspolitik. Das Vereinigte Königreich konnte zwar dank Nordseeöl und Finanzindustrie steigende Staatseinnahmen vorweisen, aber die extreme Kluft zwischen Arm und Reich, das heruntergekommene Gesundheitssystem, das klassengesellschaftlich organisierte Bildungssystem, die dramatisch steigende Altersarmut und andere drastische Ungerechtigkeiten mehr sorgten damals für immer mehr Unmut in der Bevölkerung.

2010 war nach den Parlamentswahlen *New Labour* mitsamt dem viel beschworenen »Dritten Weg« Geschichte. Für das Scheitern der sozialdemokratischen Regierung gab es diverse Gründe. So gelang die den Wählern versprochene umfassende Sozialreform nicht. Die Zahl der wirtschaftlich ausgegrenzten Menschen und die der Wohlfahrtsempfänger lag sogar höher als 1997. Die Schere zwischen Arm und Reich klaffte trotz Mindestlohn und Steuererleichterungen für die *working poor* noch weiter auseinander. Auch hatte sich Gordon Browns Verheißung, die kapitalistischen Zyklen von **boom and bust** seien unter der Wirtschafts- und Finanzpolitik von *New Labour* ein für allemal ausgerottet, als fatale (Selbst-)Täuschung erwiesen.

Die im Mai 2010 gebildete britische Regierung aus Konservativen und Liberaldemokraten unter dem Premier David Cameron wollte daraufhin das Königreich in eine **Big Society** verwandeln. Dieser vermeintliche »Plan von atemberaubender Reichweite« gipfelte im Brexit und einer zunehmend chaotischeren Regierungspolitik unter den Premiers Theresa May, Boris Johnson, Liz Truss und Rishi Sunak. Nach knapp 13 Jahren *Tory*-Regierung und kurz nach dem Ende der Pandemie führte der Unmut über Sparmaßnahmen, die Inflation und steigende Lebenshaltungskosten zu einem der größten Streiks überhaupt. Anfang 2023 demonstrierten in England mehrere Hundertausend Lokführer, Sicherheitskräfte, Lehrkräfte und Beamte für höhere Löhne und bessere Arbeitsbedingungen.

Da die regierenden *Tories* in der Folgezeit unter immer enormeren Druck gerieten, weil nicht zuletzt die Engländer bei jedem Einkauf und jeder Miet- und Energiekostenzahlung die Krise der hohen Lebenshaltungskosten zu spüren bekamen, verkündete Premierminister **Rishi Sunak** im Mai 2024, die für die zweite Jahreshälfte erwartete Parlamentswahl auf den 4. Juli vorzuziehen. Zwar hatten die Tories bei den Kommunalwahlen Anfang Mai insbesondere auch in Nordengland eine schwere Niederlage erlitten. Aber da Sunak zugleich seine erfüllten Wahlversprechen ins Feld führte – die Inflation war auf rund zwei Prozent gesunken und das Abschieben von Flüchtlingen nach Ruanda parlamentarisch durchgesetzt – hoffte er wohl auf das im Wahlkampf gelingende Überholen der in Umfragen als haushoher Favorit geltenden *Labour Party* unter Parteichef **Keir Starmer**.

GOOD TO KNOW

Am 27. Februar 1900 wurde die britische **Labour Party** in der Methodist Memorial Hall im Zentrum Londons gegründet. 1924 stellte sie mit Ramsay MacDonald den ersten sozialdemokratischen Premier; seine Regierung scheiterte bereits nach zehn Monaten. Nachhaltig wirksam agierte die Partei nach dem großen Wahlsieg 1945. Die Regierung von Clement Attlee bescherte den Briten in den folgenden Jahren einen modernen Sozialstaat, sie etablierte das (für alle unentgeltliche) nationale Gesundheitssystem und baute das Rentensystem aus. In den 1960er-Jahren unter Harold Wilson moderierte **Labour** das friedliche Ende des Britischen Empire, begründete die **Open University**, liberalisierte die Abtreibungsgesetze, nahm den Kampf für gleichen Lohn auf, schaffte die Todesstrafe ab. Die großen sozialen Gesetzgebungstaten gerieten im Laufe der von Kohle- und Ölkrisen geprägten 70er-Jahre ins Stocken. Mit Lady Thatchers Wahlsieg 1979 begann dann eine lange Phase neoliberaler Politik.

Bei der Parlamentswahl am 4. Juli 2024 ergab sich eine massive Machtverschiebung im Vereinten Königreich, war die 14 Jahre währende politische Dominanz der *Tories* zu Ende, siegten die Sozialdemokraten mit noch größerem Abstand als 1997. Nun gehört die von *Labour* gewonnene Mehrheit zwar zu den größten, die eine einzelne Partei auf der Insel je schaffte – kein Wunder, schließlich warb die Partei mit Wohlstand und Wandel, mit dem Schließen von Steuerschlupflöchern, der Einstellung von 6.500 Lehrkräften, dem Senken des Wahlalters auf 16 Jahre und dem Stop der Abschiebung von irregulär gekommenen Migranten nach Ruanda. Aber anders als *New Labour* unter Tony Blair wird – ich sage mal – *Pragmatic Labour* unter dem contraunionseuropäischen Keir Starmer eine politische oder wirtschaftliche Wiedervereinigung mit der EU keinesfalls anstreben.

Starmer schließt eine Rücknahme des Brexits ausdrücklich aus, und der 2019 vorgetragene Wunsch des wegen des völkerrechtswidrigen Irak-Kriegs nicht sonderlich beliebten Ex-Premiers **Blair**, die Briten sollten noch einmal über den Austritt aus der EU abstimmen, ist unerfüllt und Geschichte, ebenso wie *New Labour*.

ENGLISCHE ART

3

Wie kam es zum Full English Brexit?

VIELE BRITEN – ZUMAL DIE BENACHTEILIGTEN – GLAUBTEN DEN VERSPRECHEN DER BREXITEERS, DIE EINWANDERUNG ZU STOPPEN, DAS GESUNDHEITSSYSTEM ENORM GUT ZU FINANZIEREN UND DIE FISCHEREIQUOTEN ABZUSCHAFFEN.

Am 22. Januar 1972 ging für den konservativen Premierminister Edward Heath (1916–2005) ein großer Wunsch in Erfüllung: In Brüssel konnte er endlich den Vertrag über den Beitritt des Königreichs zur Europäischen Wirtschaftsgemeinschaft, kurz **EWG**, der Vorläuferin der heutigen EU, unterzeichnen. Als nach den Parlamentswahlen im Herbst 1974 sein Vorgänger, der Sozialdemokrat Harold Wilson (1916–1995), zum Premier ausgerufen wurde, ging es zugleich auch um die EWG, denn große Teile der *Labour Party* waren gegen sie. Eben deshalb ließ Wilson im Juni 1975 erneut abstimmen. Immerhin zwei Drittel der Wählerinnen und Wähler des Vereinigten Königreichs waren für die Beibehaltung der Mitgliedschaft.

Am 23. Juni 2016 hingegen sprachen sich die Wahlberechtigten knapp mehrheitlich für den EU-Austritt des Vereinigten Königreichs aus. Und warum? Die **Tories** hatten sich ab den 1980er-Jahren als in eine zunehmend den Nutzen der Europäischen Gemeinschaft in Frage stellende Partei entwickelt – erinnert sei an eine Rede Margaret Thatchers, in der sie vor einem »europäischen Superstaat« warnte. Die EU-Skeptiker wurden spätestens seit 2000 zusätzlich durch die den Austritt fordernde **UKIP,** die *United Kingdom Independence Party*, befeuert. Der Tory-Premier **David Cameron** ließ sich schließlich auf die Forderung nach einer Volksabstimmung ein.

Am 23. Juni 2016 erwies sich die in den deutschen Medien gern als pragmatisch, abwägend, weltoffen und multikulturell dargestellte britische Welt als Fiktion. Und das lässt sich auch auf die überwiegend auf London fixierte Berichterstattung zurückführen. Der englische Süden mit der prosperierenden Metropole war und ist nicht gleich United Kingdom, ist von den anderen englischen, walisischen, schottischen Regionen und Nordirland gleichsam abgeschieden – geographisch, politisch, wirtschaftlich und kulturell. Und genau das zeigte sich nach der Abstimmung. Während die Wahlbezirke im Großraum London und Umgebung wie erwartet überwiegend **Remain**-Mehrheiten geliefert hatten, gab es in Mittel- und Nordengland zum Teil deutliche **Leave**-Mehrheiten.

Gewiss, die Schotten hatten erwartungsgemäß deutlich für *Remain* gestimmt, die Nordiren ebenso, aber die Waliser hatten die Vorhersagen ad absurdum geführt und mehrheitlich das *Leave*-Kästchen angekreuzt – trotz all der EU-Förderprogramme für sie. Selbst in der zweitgrößten englischen Stadt Birmingham mit den vielen dort lebenden Studierenden votierten die meisten für den **Brexit**, genauso wie in Sheffield.

Den Ausschlag beim Referendum gaben vor allem die Voten der Menschen in England, weil viele von ihnen der EU skeptisch oder ablehnend gegenüberstanden. Für diese Haltung gab es mehrere Gründe: Zum einen verbreiteten die *Brexiteers* gezielt Panik vor überbordender Einwanderung, Überfremdung und Macht der Bürokraten in Brüssel. Zum anderen bewarben sie den Austritt als große Chance zur Wiedererlangung der Kontrolle über das Land: **Take back control** lautete der Slogan.

Umfragen zufolge entschieden sich genau jene für den Ausstieg, die der Regierung und dem Establishment nicht mehr über den Weg trauten. Neben konservativen EU-Gegnern waren dies vor allem die Verlierer der Globalisierung und wirtschaftlichen Umstrukturierung, die Masse der prekär Beschäftigten in den heruntergekommenen ehemaligen Industrieregionen in Englands Mitte und Norden. Sie erlitten vor 2016 (und danach) erhebliche Wohlstandsverluste, weil die konservativen Regierungen seit Jahrzehnten den Abbau sozialstaatlicher Leistungen und Gewissheiten entschieden vorangetrieben haben.

Die sogenannte **underclass** besteht aus einer stetig wachsenden Schicht von ihrer Chance auf gesellschaftliche Teilhabe beraubten und schlecht ausgebildeten Menschen in England. Bei ihr verfing zudem das Versprechen der *Brexiteers*, die Einwanderung zu stoppen, die EU-Fischereiquoten abzuschaffen sowie die legendäre Falschinformation: »Jede Woche senden wir 350 Millionen Pfund nach Brüssel. Es wäre besser, sie flössen in unser nationales Gesundheitssystem.« Die Summe war laut dem britischen Statistikamt schamlos übertrieben, weil die Zahlungen der EU an UK nicht gegengerechnet waren. Zudem hat das nationale Gesundheitssystem **NHS** nach dem Brexit diese zusätzlichen Gelder gar nicht erhalten.

Nachdem Premierministerin Theresa May am 29. März 2017 gemäß Artikel 50 des Vertrags von Lissabon den EU-Austritt offiziell in Brüssel eingereicht hatte, lief der eigentlich auf zwei Jahre begrenzte Brexit-Countdown aus dem Ruder. Schließlich musste May ihr Amt quittieren und mit ansehen, wie ihr Nachfolger Boris Johnson alias **Get Brexit done** die vom Unterhaus immer wieder blockierte Trennung des Vereinigten Königreichs von der EU mittels Nachverhandlungen schließlich durchsetzte.

Der von den *Brexiteers* herbeigesehnte »Wendepunkt der britischen Geschichte«, der endgültige Bruch mit der EU, dem Binnenmarkt und der Zollunion erfolgte am 31. Januar 2020 um 24 Uhr. Zwar blieben in London die Glocken von Big Ben aufgrund laufender Renovierungsarbeiten stumm, aber eine auf die **Downing Street No. 10** projizierte Riesenuhr zeigte die letzten Stunden, Minuten und schließlich Sekunden der 47-jährigen EU-Mitgliedschaft des Königreichs an. Bis heute (2025) haben sich die schreienden Ungleichheiten zwischen Nord und Süd, zwischen arm und reich, zwischen Cambridge in der Grafschaft Cambridgeshire und Boston in der Grafschaft Lincolnshire allerdings nicht verringert…

ENGLISCHE ART

4

Welche Hürden stehen einer Reise ins entbrüsselte England im Wege?

MIT PERSONALAUSWEIS KOMMT NIEMAND MEHR REIN. OHNE DIE ELEKTRONISCHE EINREISEGENEHMIGUNG ETA AUCH NICHT.

Der 31. Januar 2020 war ein historischer Tag, weil das Vereinigte Königreich an ihm nach 47-jähriger EU-Mitgliedschaft endgültig den Brexit vollzog. Seitdem hat sich vieles geändert. So reicht bei der Einreise in das United Kingdom ein Personalausweis nicht mehr aus, ist ein Reisepass zwingend nötig. Ebenso zwingend ist das Vorliegen der elektronischen Einreisegenehmigung **ETA**, am besten mittels der »UK ETA app«. Das Dumme ist: Noch vor Betreten der Insel wird einem schon Geld abgeknöpft, denn die ETA kostet zehn Britische Pfund (Stand 1/2025). Sie gilt jeweils für zwei Jahre. Personen, die nicht nachweisen können, dass sie in der Lage sind, ihren Aufenthalt selbst zu finanzieren, müssen zu Hause bleiben.

Laut der Regierung (www.gov.uk) können EU-Bürger bis zu sechs Monate lang als »Standard-Besucher« nach England kommen. Zum Beispiel für einen Urlaub oder eine Reise, für den Besuch von Familie oder Freunden. Als »Standard-Besucher« gelten auch Geschäftsleute und solche, die an einem Vorstellungsgespräch teilnehmen, zudem Experten und Künstler, die bestimmte bezahlte Engagements oder Veranstaltungen besuchen, Vorträge halten oder auftreten. »Standard-Besucher« können aus medizinischen Gründen auf die Insel kommen, an einem Schüleraustauschprogramm oder Freizeitkurs von bis zu 30 Tagen teilnehmen, ein Praktikum absolvieren oder eine Prüfung ablegen.

»Standard-Besucher« dürfen jedoch keine öffentlichen Leistungen in Anspruch nehmen und über längere Zeiträume in England beziehungsweise im Vereinigten Königreich leben, indem Sie sich häufig oder wiederholt dort aufhalten. Eine bezahlte oder unbezahlte Arbeit für ein britisches Unternehmen oder die als Selbstständiger dürfen sie schon gar nicht ausüben. Dafür wird ein spezielles Visum benötigt.

ENGLISCHE ART

5

Wird ausgerechnet ein **Fast Food** als inoffizielles Nationalgericht gerühmt?

IN DER TAT! *FISH AND CHIPS* NÄMLICH.

Cod, sprich der Atlantische Kabeljau aus der Familie der Dorsche, wurde jahrhundertelang in großen Mengen im Nordatlantik gefangen. Gegenwärtig gilt er als gefährdet und wird immer teurer. Nun dient der Kabeljau traditionell als einer der beiden klassischen Bestandteile von **Fish and Chips**, wobei sich für dieses einfache Gericht auch andere Weißfischarten eignen und teils angeboten werden: **haddock** (Schellfisch), **whiting** (Merlan) **pollock** (Seelachs) oder **plaice** (Scholle). In naher Zukunft wird Kabeljau wohl nur noch als Luxusvariante in die Tüte oder auf den Teller kommen – aller Tradition zum Trotz.

GOOD TO KNOW

Fish and Chips bestehen aus einem in Backteig frittierten Weißfischfilet und frittierten Kartoffelstäbchen. Die beiden Nahrungsmittel werden vier bis fünf Minuten lang in bis zu 190 Grad heißem Frittieröl gebacken. Die englischen Chips sind allerdings dicker und weicher als die belgischen Pommes frites und nicht so knusprig. Als Tellergericht können Beilagen geordert werden – **mushy pies** (Erbsenmus) zum Beispiel oder **baked beans** (eingekochte Bohnen) oder **gherkins** (Essiggurken). **Fish and Chips** werden in Süd- und Mittelengland zumeist mit **salt 'n' vinegar** (Salz und Essig), in Nordengland gern mit **salt 'n' sauce** (Salz und braune Sauce) verspeist.

Verführerisch duftende, in Zeitungspapier gewickelte *Fish and Chips* gibt es meist in einem *Chip-Shop* oder **Chippy** gerufenen Imbissbetrieb oder auch als Tellerspeise in Pubs und Restaurants. Seit wann sie in dieser Kombination in England den Hunger stillen, weiß niemand genau. Fest steht, dass der Kabeljau bereits im 14. Jahrhundert als Tauschobjekt gegen Salz in einem Handelsabkommen von Portugal und England genannt wird. Das Nachtschattengewächs Kartoffel aus dem Südwesten Südamerikas wiederum kam Ende des 16. Jahrhunderts wohl über Spanien nach England. Jedenfalls erschien 1596 in London der Katalog der Zuchtpflanzen des Botanikers **John Gerard** (1545–1612), in dem sie aufgeführt ist. Die gern als »Importeure« gepriesenen Abenteurer Francis Drake und Walter Raleigh hingegen haben die Kartoffel einschlägigen Experten zufolge nicht in England verbreitet.

Wann und über welche Wege die Zubereitung der Kartoffeln in Form von frittierten *chips* in Gang kam, ist nicht zufriedenstellend überliefert. Vermutlich dienten im frühen 19. Jahrhundert die **frites** aus Frankreich oder Belgien ideenstiftend. Die Praxis des Frittierens von Fisch wiederum wurde zu jener Zeit im Londoner **East End** von jüdischen Geflüchteten aus Portugal und Spanien ausgeübt. Charles Dickens erwähnt, jedenfalls 1839 in *Oliver Twist* ein »fried fish warehouse«.

Die ersten *Fish 'n' Chips Shops* kamen ab den 1850er-Jahren in einigen Londoner Stadtteilen und ab den 1860er-Jahren im Großraum von Manchester und anderer nördlicher Industriestädte auf. Die durch Dampfschiffe ermöglichte Expansion des Fischfangs bis weit in den Atlantik hinein und der durch die Eisenbahn gewährleistete schnelle Transport von frischem Fisch beförderten den allmählichen Siegeszug der Kombination von *Fish and Chips*. Da das sättigende Gericht die bestehende Kultur der Straßenstände und **Pastry shops** bereicherte und preiswert war, mauserte es sich im Laufe des 20. Jahrhunderts zum inoffiziellen Nationalgericht Englands.

Im 21. Jahrhundert verringert sich die Zahl der *Fish and Chips Shops* zunehmend. Bislang aber hat das zweitbeliebteste Fast Food der Nation, das **Chinese takeaway**, dem echt englischen Imbiss noch nicht den Rang abgelaufen.

6

Haben die Bären in East Sussex sehr geringen Verstand?

EINER SCHON: *WINNIE-THE-POOH*. ALLES ANDERE STEHT IN DER DEUTSCHEN GESAMTAUSGABE VON *PU DER BÄR*.

Der englische Journalist und Schriftsteller Alan Alexander Milne (1882–1956) hat vor gut 100 Jahren etwas Großartiges geschaffen und den Kindern der Welt hinterlassen: einen honiggelben Bären mit Meinungen von sehr geringem Verstand. **A. A. Milne** wuchs in London auf. Dort besuchte er eine Privatschule, in der einer seiner Lehrer der großartige Autor H. G. Wells war. Von 1900 bis 1903 studierte er an der Universität Cambridge, weckte als Mitarbeiter einer Studentenzeitschrift das Interesse des Satire-Magazins **Punch** und wurde bald darauf deren Mitarbeiter und Mitherausgeber. 1913 ehelichte er mit Dorothy de Selincourt die Patentochter des anderen Punch-Herausgebers.

Ab 1915 diente A. A. Milne in der britischen Armee, wurde nach einer schweren Erkrankung aber bald ausgemustert. 1925 erschien sein erstes und kriegskritisches Kinderbuch *Once On a Time*. Zugleich kaufte der Autor einen Landsitz in East Sussex, die Cotchford Farm. Dort entstanden viele der Bär-Geschichten, die dann in zwei Bänden in den Jahren 1926 und 1928 die Welt der Bücher und Teddyliebhaber eroberten: *Winnie-the-Pooh* und *The House at Pooh Corner*. Sehr empfehlenswert ist die von Harry Rowohlt (1945–2015) kongenial übersetzte deutsche Gesamtausgabe von **Pu der Bär**, in der zum Beispiel zu lesen steht:

»Als es anfing zu regnen, schlief Pu. Es regnete und regnete und regnete, und er schlief und schlief und schlief. Er hatte einen sehr anstrengenden Tag gehabt. Du weißt ja noch, wie er den Nordpohl entdeckt hatte; ja, und darauf war er so stolz gewesen, daß er Christopher Robin gefragt hatte, ob es noch weitere Pohle gab, die zum Beispiel ein Bär von sehr wenig Verstand entdecken konnte.«

Christopher Robin Milne (1920–1996) war der Sohn und der ursprüngliche Adressat der Geschichten. Er verbrachte mit seiner Nanny und seinen Eltern viele Wochenenden, Feiertage und Sommer in dem rot-ziegeligen Landhaus der **Cotchford Farm** in East Sussex. Es steht bei Hartfield auf der linken Seite der Cotchford Lane und wird von Winnie-the-Pooh-Liebhabern ebenso gern aufgesucht wie von Brian-Jones-Fans.

Der Gitarrist der Rolling Stones hatte die Farm im November 1968 gekauft, gewährte aber zugleich jederzeit den Zutritt zu dem liebevoll gestalteten Garten mit der Sonnenuhr, unter der Milnes Manuskripte vergraben sein sollen. Nachdem die Rolling Stones **Brian Jones** im Mai 1969 aus der Band ausgeschlossen hatten, erfreute er sich nicht länger des Lebens und des schönen Hauses. Er ertrank im Swimmingpool.

Von der Cotchford Farm führt ein Weg durch die von Milne in seinem Kinderbuch so einfühlsam geschilderte Bärenlandschaft. Sie besteht aus Bäumen, Sandkuhlen, Bächen und kleinen Flüssen und liegt im sanft hügeligen, von weiten Heideflächen geprägten Naturschutzgebiet **Ashdown Forest** zwischen den Orten East Grinstead, Uckfield und Royal Tunbridge Wells. Der Wald ist bereits seit 1268 urkundlich erwähnt. Er diente zunächst als königliches Jagdrevier. Vom 15. bis 18. Jahrhundert lieferte er das vom Schiffbau und der Eisenindustrie benötigte Holz, und im frühen 20. Jahrhundert inspirierte er Milne. Der Wohnort von Winnie-the-Pooh, der gern Honig nascht und kleine lustige Lieder singt, liegt ja nicht zufällig in einem 160-Morgen-Wald.

Zwischen Weißdornhecken hindurch gelangt man zu einem der vielen ausgeschilderten Originalschauplätze, zum Beispiel der Poohsticks-Bridge, wo der honigliebende Bär ein neues Spiel erfand: Pu-Stöcke. Hier stört es auch niemand, wenn das legendäre Pu-Lied angestimmt wird: »How sweet to be a cloud.« Poohs bester Freund ist das niedliche Schweinchen Piglet (Ferkel), hinzu gesellen sich die altkluge Owl (Oile oder Eule), der depressive Esel Eeyore (I-Aah), Rabbit, das weiche Kaninchen mit harter Schale, die Kängurumutter Kanga (Känga) und ihr Junges Roo (Klein-Ruh).

Der kleine Ort Hartfield ist für Arktophile schon deshalb ein bevorzugter Anlaufpunkt, weil hier der Laden Pooh Corner an der High Street alles bereit hält, was das Sammlerherz begehrt – so die herrlichen Illustrationen von **Ernest H. Shepard** (1897–1976) und die lateinische Buchausgabe *Winnie ille Pu*. Durchaus *weird* entwickelt sich seit

1996 das weltweite Pu-Bild. In jenem Jahr verstarb der auch als Autor hervorgetretene Christopher Robin Milne, der übrigens vom Ruhm seines fiktiven Namensvetters alles andere als begeistert war. Und weil seine Witwe die Rechte an *Pooh* umgehend an die Walt Disney Company verkaufte, wird der »Bär von sehr geringem Verstand« seitdem von einem noch verständnisloseren Merchandising geprägt, das zumal die legendären Illustrationen von Shepard nicht berücksichtigt.

ENGLISCHE ART

7

Warum reden die Leute so endlos übers Wetter?

ERSTENS SIND SIE DAVON BESESSEN. ZWEITENS ÄNDERT SICH IN VIELEN GEGENDEN DAS WETTER UNERWARTET PLÖTZLICH.

Es kann durchaus schwierig sein, mit Engländerinnen und Engländern in ein lockeres Gespräch zu kommen. Meiner Erfahrung nach täuscht der als höfliche Kunst gewertete **Smalltalk** im Zweifelsfall über den Unwillen oder auch die Unfähigkeit zur Führung eines ernsthaften Gesprächs hinweg. Eingeleitet wird der Smalltalk etwa mit: »Lovely day, isn't it?« oder: »Don't forget your umbrella – it will **rain cats and dogs** later.«

Laut Umfragen reden dreimal mehr Briten beim Smalltalk über das Wetter als über ein Sportereignis. Ein Viertel der Befragten erklärte jüngst sogar, sie seien einfach davon besessen, über das Wetter zu reden. Ihnen kommt entgegen, dass sich in vielen Gegenden Englands das Geschehen am Himmel unvorhergesehen schnell ändert. Da selbst eine quasi zum Blaumachen verlockende Vorhersage in Sekundenschnelle in eine Orkanwarnung umkippen kann, mangelt es nicht an Plauderanlässen. Es könnte ja gerade **unbearably hot** werden, sprich als unerträglich heiß empfundene Temperaturen von mehr als 20 Grad Celsius geben.

Einer Studie zufolge verbringen die Leute in England geschlagene vier Monate ihres Lebens mit dem Reden übers Wetter. Im Schnitt thematisieren sie es mindestens dreimal täglich.

Das beliebte Herumphilosophieren über Sonne und Regen, Kälte, Frost, Sturm, Orkan, Blitz und Donner in allen Ehren. Wenn in der Grafschaft Wiltshire eines Tages womöglich das größte und geschlossenste englische Weltkulturerbe aus der Stein- und Bronzezeit vom Wetter weggefegt oder -gespült wird, wird es gewiss nicht nur für Druiden zappenduster. Ach ja, die Rede ist von dem berühmten Kreis aufrechtstehender Steine namens **Stonehenge**. Und da die Anlage in grauer Vorzeit entstand, geht es nun in einigen Kapiteln zurück in das ursprüngliche England.

ENGLISCHE EIGENSTÄNDIGKEIT

8

Hatten die Angelsachsen den Verstand verloren, als sie den Kontinent gen England verließen?

WOHL KAUM. DIE SACHSEN, ANGELN, JÜTEN UND FRIESEN WAREN SCHARF AUF DIE START-UPS VON KÖNIGREICHEN AUF EINER INSEL.

Laut *Oxford English Dictionary* stammt der erste schriftliche Nachweis des Landesnamens aus dem Jahr 1014. Er lautete **Engla lande** und geht zurück auf die **Angeln**, einem – wohlgemerkt – nordseegermanischen Stamm.

Die Geschichte des Landes begann, als sich um 8500 vor der Zeitrechnung die Insel vom Kontinent trennte. Allerdings nicht aus politischen, sondern aus klimatischen Gründen. Denn während der damaligen Eisschmelze stieg der Meeresspiegel so stark an, dass der Kontinent um etwa 7000 v. d. Z. gleichsam eine Insel gebar: Britannien. Die Besiedelung und Eroberung erfolgten gleichsam auf dem Fuße.

In der Jungsteinzeit, die in England um 4000 v. d. Z. einsetzte, begannen Ackerbau und Viehzucht. Die verschiedensten Bevölkerungsgruppen haben seitdem gewisse Spuren hinterlassen – nicht zuletzt die als mystisch bezeichneten Steinkreise von Stonehenge und **Avebury** aus dem Zeitraum von 1500 bis 2600 v. d. Z.

In den Jahren 55 und 54 vor der Zeitrechnung führte der römische Feldherr und spätere Diktator Gaius **Julius Caesar** zwei militärische Invasionen in Britannien durch. Dauerhafte Eroberungen für das Römische Reich unterblieben jedoch – von wegen: *Veni, vidi, vici* (Ich kam, ich sah, ich siegte.) Das änderte sich im Jahr 43, als unter Kaiser Claudius vier römische Legionen die Gebiete des späteren Englands besetzten. Das Römische Reich machte die Landfläche zu seinem nördlichsten Außenposten und stationierte entlang der walisischen Grenze **Offa's Dyke** und der schottischen Grenze **Hadrian's Wall** militärische Großverbände, mit denen die »rebellischen Kelten« bezwungen werden sollten. Ob es sich um Kelten handelte, ziehen Historiker allerdings in Zweifel. Auch gibt es noch keine gültige Erklärung für die Verbreitung keltischer Sprachen in Britannien.

Die Römer richteten auf der Insel eine effiziente Infrastruktur ein und bauten Wehranlagen, Leuchttürme, Paläste und Amphitheater nach heimischem Vorbild. In **Bath** gründeten sie eines der größten religiösen Heilbäder der Antike, zu dem die Leute strömten, um die Göttin Sulis Minerva anzubeten und ins Wasser der natürlichen Thermalquellen einzutauchen.

Um 440, so vermelden es Chronisten, ging das seit einer Weile von »Unheil« heimgesuchte Britannien für die Römer verloren. In das entstehende Machtvakuum drangen **Anglo-Saxons** ein. Das waren vor allem Sachsen aus dem heutigen Niedersachsen, Angeln aus Schleswig-Holstein und Jüten. Hinzu kamen im Frühmittelalter auch Friesen. Die Sachsen dominierten große Teile des Südens, während die Angeln sich hauptsächlich im Osten und die Jüten überwiegend im heutigen Kent und der Isle of Wight ansiedelten.

Die germanischen Stämme etablierten jeweils ihre eigenen Königreiche, deren Herrscherdynastien und -strukturen germanische Traditionen pflegten. Es mangelte damals in der sich herausprägenden angelsächsischen Gesellschaft weder an politischen Intrigen und kriegerischen Machtauseinandersetzungen noch an kulturellen Ereignissen und Handelserfolgen. Gleichsam im Gepäck hatten die Immigranten ihre Religion, und die von ihnen betriebene Christianisierung erwies sich bereits im späten 8. Jahrhundert als nahezu durchgesetzt. Zu jener Zeit – ab 793 – begann das Zeitalter der **Wikinger** im Nordosten des frühen England, und die Angelsachsen vermochten es lange nicht, sich gegen deren Raubzüge zu wehren.

Die Grafen, die sich ihre aristokratische Macht mit der christlichen Kirche und der Monarchie teilten, verfestigten den Feudalismus in **Engla lande**. So traf am 12. Juli 927 **Æthelstan** (~ 894–939), der König von Wessex, bei Eamont Bridge in Cumbria mehrere Könige anderer Reiche (etwa dem heutigen Northumberland) und versicherte sich ihrer Lehnstreue. Dieses Ereignis wird als Gründungsmoment des Königreichs England verstanden. Jedenfalls nannte sich Æthelstan als erster Monarch **rex Anglorum**: König der Engländer. Zu jenem Zeitpunkt bildete Schottland übrigens bereits seit gut 80 Jahren ein einziges Königreich.

Mit Beginn des 11. Jahrhunderts geriet das Königreich England unter dänischen und angelsächsischen Dynastien in turbulente Zeiten. Im

Jahr 1013 eroberte der König von Dänemark und Norwegen England und begründete eine Personalunion der drei Königreiche, die bis 1042 bestand. Am 14. Oktober 1066 entschied dann die Schlacht bei **Hastings** maßgeblich den zuvor entstandenen Streit um die englische Krone. Damals besiegte das über den Ärmelkanal gekommene und in der Bucht von Pevensey angelandete normannische Heer unter Herzog William II. (Wilhelm der Eroberer; ~ 1027–1087) die Angelsachsen unter ihrem König Harold II. (Harald Godwinson; 1022–1066). Der militärische Erfolg der französischen Normannen mündete in deren Eroberung Englands, das seinen von den Angeln erhaltenen Namen jedoch behielt.

Der nach seiner Krönung in der Londoner Westminster Abbey bis 1087 auch als König von England regierende **William II.** führte ein funktionales Lehnssystem ein und ließ eine neue aristokratische Elite nach England kommen, um die angelsächsische Ordnung zu zer- und ersetzen. Es ging ihm um die Zentralisierung der Macht unter einem dominanten König. Die Übergabe großer Ländereien an die normannischen Adligen weckte bei der angestammten angelsächsischen Bevölkerung durchaus Widerstand. Im Gefolge der Eroberung breiteten sich vom Kontinent kommend eine Vielzahl neuer kultureller Praxen in England aus. So wurde Französisch zur Sprache der herrschenden Klasse und erweiterten französische Wörter das Englische. Das vom König erlassene **Domesday Book** (Grundbuch) erfasste die Steuern der gesamten Bevölkerung, die Ländereien und Besitztümer und dient zum Teil immer noch als Rechtsquelle. (Das in zwei Bänden verfasste Buch wurde nach 1090 nicht weitergeführt.)

Die Vermischung der normannischen Sprache und Kultur mit der vorhandenen angelsächsischen blieb gewiss nicht ohne nachhaltige Folgen. Sie initiierte die Herausbildung der englischen Identität.

ENGLISCHE EIGENSTÄNDIGKEIT

9

War Löwenherz ein edler oder irrsinniger Ritter?

BEIDES NICHT. DER KREUZFAHRER BEUTETE DIE ENGLÄNDER GEZIELT AUS UND LIESS DAS LAND VERARMEN.

Das englische Wappen und noch viel mehr die Medien nebst Hollywood halten das Gedächtnis an einen Engländer wach, der schon lange tot ist: *Richard the Lionheart*, hierzulande Richard **Löwenherz** genannt. Der Mann, dem schon zu Lebzeiten Balladen und Geschichten gewidmet wurden, wird als legendärer Feldherr und Ritter beschrieben und dürfte der bekannteste König des europäischen Mittelalters sein. Allerdings wäre er als Ausbeuter des englischen Volkes treffender dargestellt.

Im 12. Jahrhundert präsentierte sich England als ein durch Kriege und Machtkämpfe zerrissenes Königreich. Nachdem 1154 **Henry II.** (ursprünglich Henri Plantagenet) den englischen Thron bestiegen und westfranzösische und englische Territorien zum Angevinischen Reich vereint hatte, beschnitt er die Macht der Barone und ließ sie ihm entweder Steuern zahlen oder Soldaten zur Verfügung stellen. Einer der fünf Söhne des Monarchen hieß Richard (1157–1199). Als Thronfolger war er nicht vorgesehen. Nach einigem heftigen familiären Hin und Her verbündete er sich mit Philipp II. von Frankreich. Mit dessen Unterstützung gelang es Richard im Jahr 1189, König von England zu werden. Damit stieg er zu einem der mächtigsten Herrscher in Europa auf, denn zu seinem Reich gehörte zusätzlich der ganze Westen Frankreichs.

Insgesamt sieben Mal zogen christliche Heere im Mittelalter unter dem Banner des Kreuzsymbols zu den heiligen Stätten, um sie von der islamischen Herrschaft zurückzuerobern. Eine der ersten Regierungshandlungen von **Richard I.**, der wohl kein Englisch sprach, bestand 1190 im Eintreiben enormer Geldsummen und Transportschiffe für den von ihm geplanten (dritten) **Kreuzzug** ins Heilige Land. Drei Jahre zuvor hatte Saladin, der Sultan von Ägypten, Jerusalem besetzt und damit den damaligen Kreuzzüglern ihr Bollwerk im Orient abgenommen. Auf dem Weg nach Palästina eroberte Richard I. mit seinen Mannen zunächst das zu Byzanz gehörende Zypern, anschließend dann die wichtige Hafenstadt Akkon. Dabei überwarf sich der englische König mit **Herzog Leopold V**. von Österreich, der nach Barbarossas Tod das deutsche Kontingent führte.

GOOD TO KNOW

Als Teilnehmer des dritten Kreuzzuges erhielt Richard I. für die ihm zugeschriebene große Kampfeskraft den Beinamen **Löwenherz**. Drei Löwen zierten auch sein Wappen. Unter seinem Vater Henry II. gab es ein spezifisch englisches Wappen, das jedoch nur aus einem steigenden Löwen bestand. Da das Wappen der normannischen Dynastie - es beinhaltete zwei Löwen - nach der Eroberung Englands auch auf der Insel zu sehen war, könnte Richard es mit dem seines Vaters zum neuen eigenständigen englischen Wappen »gekreuzt« haben. Im Laufe der Jahrhunderte erfuhr es zahlreiche Veränderungen. Heute enthält das Wappen Englands fachsprachlich zwar drei mit dem Blick zum Beschauer schreitende Leoparden - allgemein werden die drei Tiere aber als **Three Lions** bezeichnet. Die englische Fußballnationalmannschaft läuft seit jeher mit drei Löwen auf der Brust auf - ihr Spitzname: **Three Lions**.

Da die militärischen Kräfte der Kreuzfahrer nicht für eine Eroberung Jerusalems ausreichten, zog es Richard 1192 wieder in heimische Gefilde. In der Gegend von Wien, im Herrschaftsgebiet von Herzog Leopold V., mit dem er sich während des Kreuzzuges zerstritten hatte, wurde er festgenommen und an den neuen Kaiser **Heinrich VI**. gegen die Zusage ausgeliefert, das Lösegeld zu teilen. Es belief sich auf 100.000 Mark in Silber und entsprach dem doppelten Jahressteueraufkommen Englands! Richard I. wurde interniert, konnte aber weiterhin Hofstaat halten und Herrschaftsrechte ausüben.

Nachdem 1194 das viele Geld entrichtet worden war, reiste der König nach England, um seinen jüngsten Bruder **John** zu bremsen, der nach der Macht gierte. Kurz darauf zog es Richard wieder in seine französischen Besitzungen, um dort den Baronen zu verdeutlichen, dass er nach wie vor ihr Herr und Gebieter war. 1199 wurde er bei der Belagerung der Burg Châlus-Chabrol in Aquitanien durch einen Pfeil tödlich verwundet.

Richard Löwenherz ist in Literatur, Musik und darstellender Kunst als idealer Ritter und tatkräftiger Herrscher verklärt worden. Dabei verbrachte er lediglich ein gutes halbes Jahr seiner zehnjährigen Regentschaft in England, das er zudem bis auf die Knochen ausbeutete und verarmen ließ, um seinen Kreuzzug, diverse kriegerische Auseinandersetzungen und das Lösegeld zu finanzieren.

ENGLISCHE EIGENSTÄNDIGKEIT

10

Schon mal von einem König ohne Land und der **Magna Carta** gehört?

DIE REDE IST VON JOHN LACKLAND, DER 1199 GEKRÖNT WURDE. DIE *MAGNA CARTA* WAR EINE NEUE VERFASSUNG.

Die *Magna Carta Libertatum* (Der Große Freibrief) vom 15. Juni 1215 gilt als die wichtigste Quelle des englischen Verfassungsrechts. Sie dient als Grundlage des **Rule of law**, des Rechts und der Bildung des Parlaments im Vereinigten Königreich. Wie mensch sich denken kann, haben die meisten ursprünglichen Artikel inzwischen neue oder veränderte Inhalte erhalten. Im Licht der Gegenwart betrachtet, hat die *Magna Carta* folglich vor allem eine historische und symbolische Bedeutung. Besiegelt hatte die Vereinbarung mit dem aufsässigen englischen Adel König **John Lackland** (1167–1216).

John lag als der jüngste Sohn von König Henry II. in der Thronfolge eigentlich sehr weit hinten – er wurde dann aber nach dem Tod seines Bruders Richard am 27. Mai 1199 gekrönt und saß bis zu seinem Tod 1216 auf dem Thron von England. Außerdem wirkte er als Lord von Irland, Herzog von Aquitanien und der Normandie sowie Graf von Anjou. 1202 begann der sich bis 1214 mit Unterbrechungen hinziehende Englisch-Französische Krieg, in dessen Feldzügen der englische König sowohl als groß dargestellte Siege als auch entscheidende Niederlagen erlebte. Parallel zum Krieg gegen Frankreich gab es auch mit den Schotten sowie den »rebellischen« Walisern und Iren heftige Auseinandersetzungen.

Als 1214 die Niederlage im Englisch-Französischen Krieg zum Verlust fast aller französischen Besitzungen führte, machte König John seinem Beinamen **Lackland** alle Ehre: **Johann Ohneland**. Den Beinamen hatte er als junger Mann erhalten, weil nicht erwartet wurde, dass er aufgrund der vielen Zwistigkeiten in der Familie bedeutende Ländereien erben würde. Nun hatte der König »Ohneland« anders als sein verstorbener Bruder **Löwenherz** beim Regieren durchaus Organisationstalent. Er investierte viel Zeit in die Verbesserungen der Staatsfinanzen und der Verwaltung, um Geld für die kostspieligen Kriege eintreiben zu können. So erhob er eine »Schildgeld« genannte Strafsteuer, den Dreizehnten als allgemeine Sondersteuer und eine Art Einkommenssteuer, die seine Jahreseinnahmen deutlich verbesserte. Da seine Eintreiber keine Milde walten ließen, sagten die Barone und Lords schließlich mit Unterstützung der unabhängigen Kirche Englands der Monarchie den Kampf an. Als sich ihnen im Mai 1215 auch die **City of London** dem Bündnis anschloss, sah sich Johann Ohneland gezwungen, eine neue Verfassung, die **Magna Carta**, zu akzeptieren.

Das Ergebnis der im Juni 1215 abgeschlossenen Verhandlung war eine in Latein verfasste Urkunde, die in der englischen Übersetzung in 63 Artikel unterteilt wurde. Sie bestätigen die Rechte der Kirche von England und beinhalten zahlreiche Neuerungen. So zum Beispiel ein verbessertes Lehnsrecht, Verwaltungsaufgaben der Grafschaften, die Instandhaltung von Brücken, den Schutz von Kaufleuten und der Reisefreiheit, das königliche Forstrecht und dessen Pflicht, Recht und Gerechtigkeit nicht zu verzögern, und erweiterte Rechtsprechungsvorgaben samt Prozessordnung.

In Artikel 39 heißt es unmissverständlich: »Kein freier Mann soll verhaftet, gefangen gesetzt, seiner Güter beraubt, geächtet, verbannt oder sonst angegriffen werden; noch werden wir ihm anders etwas zufügen, oder ihn ins Gefängnis werfen lassen, als durch das gesetzliche Urteil von Seinesgleichen oder durch das Landesgesetz.«

Die Besiegelung der *Magna Carta Libertatum* im Juni 1215 brachte England leider keinen Frieden, denn Johann widerrief seine eigene Unterschrift und ließ den Papst die *Carta* annullieren. Anschließend begann der Erste Krieg der Barone, in dem Soldaten und Söldner aus Nordfrankreich zum Einsatz kamen, die große Gebiete Englands besetzten. Was weiterhin geschah, erlebte der an Ruhr erkrankte Johann Ohneland nicht, denn er verstarb am 19. Oktober 1216. Unter seinem Sohn Henry (1207–1272) wurde die nicht zuletzt als Grundlage für die Entwicklung parlamentarischer Institutionen dienende *Magna Carta* leicht revidiert neu herausgegeben. **Henry III.** bestätigte im Lauf seiner 56 Jahre währenden Regierung mehrmals diese Fassung und verhalf ihr zur endgültigen Akzeptanz.

ENGLISCHE EIGENSTÄNDIGKEIT

11

Hatte das so verklärte **merry England** etwa einen Webfehler?

IM GEWISSEN SINNE SCHON. HARTE ARBEIT, EIN VON ARMUT UND TÖDLICHEN EPIDEMIEN GEPRÄGTES LEBEN WAREN WOHL KAUM IDYLLISCH.

Wenn **merry England** – also das fröhliche England – beschworen wird, lugt meines Erachtens nichts als eine hilflos-nostalgische Sehnsucht nach dem vermeintlich idyllisch ländlichen und weihevollen Lifestyle zwischen dem Mittelalter und dem Einsetzen der Industrialisierung hervor. Richtig fröhlich geht es seit dem Brexit jedenfalls in den **counties**, in den 39 traditionellen Grafschaften zwischen den Eck-Orten Canterbury in Kent, Carlisle in Cumberland, Grimsby in Lincolnshire und Liverpool in Lancashire gewiss nicht zu.

Merry England? Schon als 1845 Friedrich Engels sein Werk *Die Lage der arbeitenden Klasse in England* veröffentlichte, gab es ihm zufolge viele Leute, die »eine Wiederherstellung des alten ›merry England‹ mit seinen glänzenden Seiten und seinem romantischen Feudalismus« wünschten. Engels kommentierte: »Dieser Zweck ist natürlich unausführbar und sogar lächerlich, eine Satire auf alle historische Entwicklung …« Aber wie kamen die glänzenden Seiten Englands eigentlich zustande – und gab es sie wirklich?

Das Mittelalter verlief in England ziemlich wüst. Die Politik wurde geprägt von um Einfluss und Macht rivalisierenden Adelsfamilien, von Intrigen, Unruhen und Aufständen, häufigen militärischen Auseinandersetzungen etwa mit Schottland und Wales und auch mit der Kirche. Die Mehrheit der Bevölkerung lebte und arbeitete auf dem Land und musste hohe Abgaben an die feudale Herrschaft von Adelsfamilien und Klöstern leisten. Ihr in der Regel von Armut geprägtes Leben bestand aus harter Arbeit. Den Städterinnen und Städtern ging es mit Ausnahme der Elite kaum besser, von schlechten Wohnbedingungen und tödlichen Epidemien ganz zu schweigen.

Ende des 13. Jahrhunderts ließ **Edward I.** (1239–1307) nach zwei Feldzügen das Fürstentum Wales erobern. Er sorgte auch dafür, dass seitdem der englische, inzwischen britische, Thronfolger den Titel **Prince**

of Wales trägt. Im Hoch- und Spätmittelalter erlebte das Königreich eine Blütezeit, gedieh es sozusagen zum **merry England**. Die Dreifelderwirtschaft erhöhte die Ernteerträge, die Bevölkerung verdreifachte sich und die Städte wuchsen. An den neu gegründeten Universitäten Oxford und Cambridge versammelte sich die intellektuelle Elite und die Schriftlichkeit nahm zu. Bildung, Wissen und die englische Sprache entwickelten sich sehr positiv, Lyriker, Epiker und Dramatiker setzten die ersten Höhepunkte der inzwischen sehr reichen literarischen Tradition Englands.

Für einen Dämpfer des Aufschwungs sorgte der 1337 einsetzende Hundertjährige Krieg. Während dieses jahrzehntelangen anglofranzösischen Gemetzels (es endete 1453) tötete in England die Pest in mehreren Schüben zwischen 1349 und 1375 gut die Hälfte der Bevölkerung. Erst um 1550 war die englische Bevölkerung wieder auf rund drei Millionen angewachsen. Die Landbevölkerung stellte zu jener Zeit zwar bei weitem die Mehrheit, aber London verfügte bereits um die 140.000 Einwohner, Ende des 16. Jahrhunderts waren es sogar mehr als 200.000.

Seit 1509 regierte König **Henry VIII.** (Heinrich VIII.; 1491–1547) England, ab 1541 zudem das von seinen Truppen eroberte **Königreich Irland.** Unter ihm erfolgte zwischen 1535 und 1542 auch die Unterteilung des einstigen Fürstentums Wales in 13 Grafschaften. Fortan galt das englische Recht. Henry VIII. war der erste humanistisch gebildete König des Landes. Er sprach mehrere Sprachen, komponierte, schrieb Gedichte und interessierte sich für religiöse Themen. Vor allem förderte er mit der Gründung der **Royal Navy** die englische Seefahrt. Die damals auch von anderen Mächten vorangetriebene Erkundung neuer Handelsrouten eröffnete ein Zeitalter der Entdeckungen und Expeditionen, in dem England zu einer führenden Seemacht aufstieg.

Nach dem Tod des hierzulande **Heinrich** genannten Henry VIII. fiel die Krone zunächst an den neunjährigen Sohn Edward VI., dann an die älteste Tochter Mary I. und schließlich an Elizabeth I. Unvergessen sind die insgesamt sechs Ehen von Henry VIII. Zwei ließ er annullieren, zwei endeten durch Hinrichtung, eine durch den Tod der Gattin im Wochenbett und die letzte durch seinen eigenen.

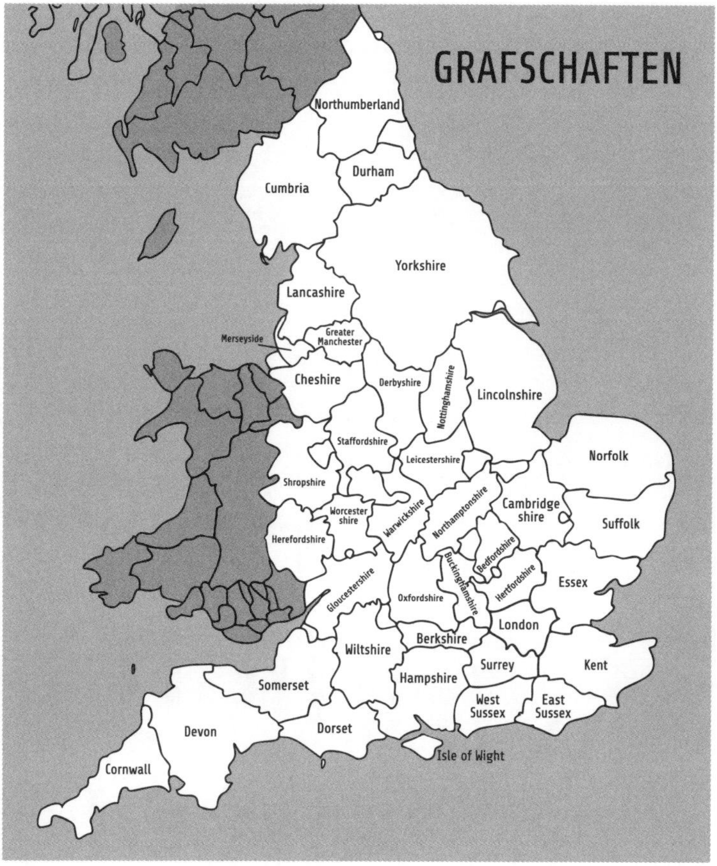
GRAFSCHAFTEN
Northumberland
Durham
Cumbria
Yorkshire
Lancashire
Merseyside
Greater Manchester
Cheshire
Derbyshire
Nottinghamshire
Lincolnshire
Staffordshire
Leicestershire
Norfolk
Shropshire
Worcester shire
Warwickshire
Northamptonshire
Cambridge shire
Suffolk
Herefordshire
Bedfordshire
Buckinghamshire
Hertfordshire
Gloucestershire
Oxfordshire
Essex
London
Berkshire
Wiltshire
Surrey
Kent
Somerset
Hampshire
West Sussex
East Sussex
Devon
Dorset
Isle of Wight
Cornwall

ENGLISCHE EIGENSTÄNDIGKEIT

12

War Robin Hood wirklich ein guter Typ?

AUS LITERARISCHER SICHT DURCHAUS. SO GESEHEN WAR ER EIN »EDLER RÄUBER«, DER DEN REICHEN NIMMT UND DEN ARMEN GIBT.

Dass der in den Balladen verewigte Held Robin Hood einst tatsächlich agierte, konnte bislang nicht nachgewiesen werden. Aber wer weiß. Die *International Association for Robin Hood Studies* wird nichts unversucht lassen, alle noch offenen Fragen zu klären. Als wichtigster Quellentext dient die im 15. Jahrhundert in mittelenglischer Sprache verfasste und Anfang des 16. Jahrhunderts erstmals gedruckte Ballade *A Gest of Robyn Hode* (Die Geschichte von Robin Hood).

Robin Hood wird als grün gekleideter Anführer einer Bande von Outlaws geschildert. Der aus der Gesellschaft verbannte Held agiert mit Pfeil und Bogen als hervorragender Schütze im **Greenwood**. Mit der Legende um Robin Hood und die **Merry Men** verbinde ich Sherwood Forest, Sheriff von Nottingham, Richard Löwenherz, Little John, Eroll Flynn, Bruder Tuck, Rächer der Enterbten, Beschützer der Schwachen, Pfeil und Bogen, Kampf für Gerechtigkeit und anderes mehr.

Im Laufe der Jahrhunderte entstand eine Vielzahl weiterentwickelter Balladen über Robin Hood. Dabei erhielt der Held einen sich wandelnden Charakter und eine sich verändernde Persönlichkeit. Der brandgefährliche Wegelagerer der frühen Balladen, der habgierige Geistliche und Adlige brutal ausraubte, wandelte sich zu einem immer menschenfreundlicheren Akteur. Eines Tages erschien die literarische Gestalt als enteigneter angelsächsischer Adeliger, der patriotisch gegen die Normannen kämpft.

Im 17. Jahrhundert trat Robin Hood schließlich als Vorkämpfer für soziale Gerechtigkeit in Erscheinung und verkörperte die Figur des »edlen Räubers«, der den Reichen nimmt und den Armen gibt. Gegenwärtig steht sein Name für soziale Gerechtigkeit und Umweltschutz, sonst gäbe es nicht die Forderung einer **Robin Hood Tax** zur Besteuerung von Finanztransaktionen und die »Gewaltfreie Aktionsgemeinschaft für Natur und Umwelt« **Robin Wood**.

ENGLISCHE EIGENSTÄNDIGKEIT

13

Welche englische Kolonie erhielt den Namen einer eitlen Jungfrau?

SO VIEL SEI SCHON EINMAL VERRATEN: IN ENGLAND WURDE EINE KÖNIGIN ALS *VIRGIN QUEEN* BEZEICHNET.

Wenn ich etwas als wahrlich englisch bezeichnen soll, dann nenne ich das Elizabethan Zeitalter. Es begann, als Elizabeth Tudor am 17. November 1558 Königin von England und Irland wurde. Es endete 1603, als **Elizabeth I.** verstarb. In ihrer 44-jährigen Regentschaft blühte das arme England auf und erstarkte wirtschaftlich. Die spanische Marine blieb zwar bis 1650 die stärkste Seestreitkraft, aber die englische Marine holte nicht zuletzt durch die vom Seefahrer **Francis Drake** besiegte spanische Armada auf.

Königin Elizabeth I. erfuhr lange viel Zustimmung durch die englische Bevölkerung. Da sie, anders als ihre den Katholiken wohlgesonnene Vorgängerin Mary I. (Maria Tudor), für die Reformation eintrat, endeten die religiösen Wirren im Lande mehr oder weniger. Sie ernannte neue Bischöfe und beauftragte sie mit der Überprüfung der Glaubenslehre. Diese erarbeiteten in 39 Artikeln die theologische Grundlage der von der Lehre Luthers, Calvins und Butzers geprägten Anglikanischen Staatskirche. Alleiniges Oberhaupt wurde das Staatsoberhaupt Englands, zudem werden seit jenen Tagen im Unterhaus des Parlaments anglikanische Gebete verlesen.

GOOD TO KNOW

Sir Francis Drake (~1540-1596) wird immer noch als englischer Nationalheld und berühmtester Pirat seiner Zeit gewürdigt. Der Freibeuter, Entdecker und Vizeadmiral brach 1577 zu seiner Weltreise auf. Als er im September 1580 nach England zurückkehrte, war sein Flaggschiff mit 40 Kilogramm Gold, tonnenweise Silberbarren und einer immensen Menge von Silbermünzen beladen, die er von einem spanischen Schatzschiff erbeutet hatte. Prompt wurde er 1581 von Königin Elizabeth I. in den Adelsstand erhoben, die damit mehr als andeutete, dass sie mit Drakes auch für sie profitablen Raubzügen einverstanden war.

Elizabeth I. sprach sechs Sprachen fließend, förderte Musik, bildende Kunst und Literatur. In dem nach ihr benannten Zeitalter begründete der englische Dichter, Theaterunternehmer und Schauspieler **William Shakespeare** (1564–1616) seinen Ruhm und entwickelte sich der Bühnenautor und Dichter **Ben Jonson** (eigentlich Benjamin Jonson, 1572–1637) zum bedeutendsten englischen Dramatiker der Renaissance. Auch der englische Dichter, Dramatiker und Übersetzer **Christopher Marlowe** (1564–1593) ging als bedeutender Vertreter der elisabethanischen Ära in die Geschichte ein. Die Renaissance beflügelte Literatur, Musik, Architektur und bildende Kunst und sorgte nicht zuletzt für ein größeres Selbstbewusstsein Englands.

Im Jahr 1800 veröffentlichte Friedrich Schiller das Drama *Maria Stuart*. Die Schottin agierte von 1542 bis 1567 als Königin von Schottland und ein Jahr lang als Königin von Frankreich. **Mary I.** (1542–1587), die als junge Königin gefeiert worden war, musste in den politischen Wirren ihrer Zeit 1567 zugunsten ihres Sohnes James abdanken. Ein Jahr später floh sie zu ihrer Tante Elizabeth I. von England. Da sie als vom Thron verdrängte katholische Königin für die protestantische Herrscherin Elizabeth eine Gefahr darstellte und zuehmend in diverse Verschwörungen verwickelt war, wurde sie 18 Jahre lang fern ihrer Heimat in verschiedenen englischen Burgen und Schlössern gefangen gehalten. Aufgrund der Mary zur Last gelegten Teilnahme an einem geplanten Anschlag auf Elizabeth wurde sie am 25. Oktober 1586 des Hochverrats für schuldig befunden und am 8. Februar 1587 hingerichtet.

Elizabeth I. wird als kokett und eitel geschildert; über ihre hingerichtete Mutter **Anne Boleyn** äußerte sie zeitlebens kein Wort. Nach ihrer Thronbesteigung drängte man(n) sie immer wieder zu einer Heirat, um für einen männlichen Thronfolger zu sorgen. Dabei ließ sie keinen Zweifel daran, dass sie bei Ihrem Dahinscheiden zufrieden sein werde, als Jungfrau gelebt zu haben – naheliegend, dass sie von ihren Hoffräulein verlangte, »so jungfräulich wie möglich zu bleiben«. In politischen und herrschaftlichen Kreisen hatte Elizabeth I. den Beinamen **Virgin Queen**.

Schon einmal von St. John's gehört? Die Hauptstadt der heutigen kanadischen Provinz **Newfoundland** und Labrador liegt auf der Halbinsel Avalon. Hier ging 1583 der mit einem Patent der Königin ausgestattete Seefahrer Humphrey Gilbert (~ 1537–1583) an Land und nahm es als erste Kolonie Englands überhaupt für die Krone in Besitz. Er war ein Halbbruder des englischen Piraten, Politikers und Dichters Sir **Walter Raleigh** (1552–1618). Raleigh war 1581 an den englischen Hof gekommen und hatte schnell die Gunst von Elizabeth I. gewonnen. Ausgestattet mit Handelsprivilegien wurde er zu einer der einflussreichsten Persönlichkeiten Englands und verfolgte Pläne zur Gründung von englischen Überseekolonien in Nordamerika.

Mit Unterstützung von vermögenden Investoren finanzierte Sir Walter Raleigh 1584 und 1587 zwei Versuche, dauerhafte Siedlungen vor der Ostküste des heutigen US-Bundesstaates North Carolina auf der Insel Roanoke anzulegen. Beide scheiterten jedoch. 1590 trafen englische Seeleute auf der Insel keine Siedler mehr an.

Der erste Besiedlungsversuch wurde durch **Thomas Hariot** (1560–1621) bekannt, der 1588 in dem Buch *A Briefe and True Report of the New Found Land of Virginia* einen der wichtigsten Berichte über die Anfänge der englischen Landnahme in Nordamerika publizierte. Da es für die Kolonialisten um die Besiedlung und Urbarmachung eines »jungfräulichen« Landes ging, erhielt das Gebiet damals zu Ehren der *Virgin Queen* den Namen **Virginia**.

ENGLISCHE EIGENSTÄNDIGKEIT

14

East India Company abwarten und Tee trinken?

GING FRÜHER NICHT ANDERS. DENN DAS ENGLISCHE UNTERNEHMEN *EAST INDIA COMPANY* IMPORTIERTE AB MITTE DES 17. JAHRHUNDERTS DAS LUXUSGUT TEE.

Es gibt heute Konzerne in der globalisierten Welt, die ganz offenbar wahnsinnig mächtig sind. Bereits vor vier Jahrhunderten gab es einige Aktiengesellschaften, die gleichsam das Fürchten lehrten. Dazu gehörte die am 31. Dezember 1600 von einer Gruppe reicher Londoner Kaufleute gegründete **East India Company (EIC)**, der Königin Elizabeth I. ein historisch folgenreiches Privileg ausstellte. Es gewährte der Aktiengesellschaft nämlich das Recht, zunächst 15 Jahre lang exklusiv den englischen Handel im gesamten Bereich des Indischen und Pazifischen Ozeans abzuwickeln.

Die EIC wurde so einflussreich, dass sie im 18. Jahrhundert fast über den gesamten indischen Subkontinent herrschte. Bis 1874 agierte die (ab 1707: Britische) Ostindien-Kompanie als ein immer mächtigeres Unternehmen, das über ein eigenes Territorium herrschte, eine 260.000 Mann starke Armee unterhielt und schließlich den Handel mit einem Produkt absolut dominierte, das heute den einen als typisch englisch, den anderen als typisch britisch gilt: Tee.

Zum Hintergrund: Als Elizabeth I. regierte, wurde der indische Subkontinent **East Indies** genannt. Er galt schon aufgrund seiner wertvollen Gewürze und Stoffe als eine Gegend von großem Potenzial. Bis Ende des 16. Jahrhunderts hatte nicht England, sondern die auf See überlegenen Länder Spanien und Portugal eine Art Monopol auf den Handel mit dem Fernen Osten. Nachdem England 1588 die spanische Armada besiegt hatte, erfolgte der Ausbau der englischen Flotte, um den Aufbau von Übersee-Stützpunkten für englische Schiffe zu ermöglichen. In der Tat stand dem Aufstieg des Königreichs zu einer bedeutenden See- und Kolonialmacht nicht mehr viel im Wege.

Als im August 1604 England und Spanien einen Friedensvertrag unterzeichneten, sah der auch vor, dass England fortan Handel in West- und Ostindien betreiben dürfe. Und mit der noch während des Krieges erfolgten Gründung der **English East India Company** war eine Aktiengesellschaft entstanden, die dann mit allen denkbaren Mitteln den Handel mit Ostindien und später auch Ostasien vorantrieb. Nachdem bereits im Juni 1602 fünf von der Gesellschaft für viel Geld ausgerüstete Schiffe bei Aceh auf Sumatra angelandet waren, folgten ab 1604 weitere Expeditionen. 1612 ermöglichte eine Gesandtschaft die Einrichtung von Handelsstationen an der Westküste von Vorderindien. Da die *EIC* in Madras und Hugli auf die Gegenwehr der heftig konkurrierenden, 1602 gegründeten Niederländischen **Vereenigde Oostindische Compagnie** (**VOC**) stieß, konnte sie sich dort erst ab 1640 etablieren.

König **Charles II**. sorgte im April 1661 für zusätzlichen Schub, als er der *EIC* die bereits eingeräumten Privilegien bestätigte und der Aktiengesellschaft auch die Zivilgerichtsbarkeit und die Militärgewalt übertrug. Sie hatte fortan das Recht, mit den »Ungläubigen« in Indien Krieg zu führen. Außerdem belehnte sie der englische König mit der Stadt Bombay, einer Mitgift seiner portugiesischen Ehefrau. Seine Nachfolger verliehen der *English East India Company* darüber hinaus das Recht, Festungen zu bauen, Truppen auszuheben und Münzen zu schlagen, um sie gegenüber der erfolgreichen niederländischen **VOC** nicht ins Hintertreffen geraten zu lassen.

Im Laufe des 17. Jahrhunderts florierten die Geschäfte der *EIC* im wachsenden Maße. Zudem setzten die Kaufleute nicht länger nur auf den Handel mit Pfeffer und anderen Gewürzen, sondern zunehmend mit Baumwolle, Seidenstoffen und Tee. Die unmenschlichen Herrschaftspraktiken der Ostindien-Kompanie stießen zwar auf Kritik, hielten sie aber nicht davon ab, weiter in andere asiatische Gebiete und nach China zu expandieren.

Am 2. August 1858 zog das britische Parlament wegen des politisch immer problematischeren Macht- und Handelsmissbrauchs der *East India Company* die Notbremse und übertrug deren Rechte auf die Krone. Schließlich hatte die *EIC* von ihr in Indien angebautes **Opium** illegal nach China exportiert und dort gegen profitable chinesische Handelsgüter eingetauscht. Auch hatte sie bereits im 17. Jahrhundert im internationalen **Sklavenhandel** mitgemischt und ließ Sklaven für sich arbeiten. Die Tage der englischen und dann britischen *East India Company* endeten 1874, als sie aufgrund finanzieller Schwierigkeiten aufgelöst wurde.

ENGLISCHE EIGENSTÄNDIGKEIT

15

Waren die frühen Parlamentarier ganz ohne Macken?

SCHÖN WÄR'S. DER PARLAMENTARIER OLIVER CROMWELL ETWA WAR EIN PURITANISCHER EIFERER UND ERRICHTETE EINE DIKTATUR.

Seit dem 13. Jahrhundert existiert in England ein Parlament, das in der Politik neben dem König oder der Königin zunächst ein bisschen mitbestimmen konnte. Im Laufe des 17. Jahrhunderts gewann die parlamentarische Bewegung immer mehr Einfluss und führte wiederholt Aufstände gegen die absolutistische Monarchie herbei. Nachdem 1625 **Charles I.** die Throne von England, Schottland und Irland bestiegen hatte, ignorierte er das Parlament zunehmend mit dem Argument, Gott habe ihm alleine das Königsamt und damit die Macht verliehen. Die Parlamentarier waren damit natürlich nicht einverstanden. 1628 legten sie eine Petition mit der Bitte um Gerechtigkeit vor, die Charles I. freilich nicht umzustimmen vermochte.

1641 verabschiedete das Unterhaus dann eine Große Remonstranz, sprich eine offizielle Beschwerdeschrift an den König, in der erstmals die Forderung nach einer parlamentarischen Kontrolle der Exekutive erhoben wurde. Diese Beschwerde war einer der auslösenden Faktoren des Englischen Bürgerkriegs, der 1642 begann, weil Charles die Stärke seiner Position überschätzte. Zwar errangen seine königlichen Truppen anfangs militärische Erfolge über das vom Parlament aufgestellte Heer, aber 1644 und 1645 folgten heftige Niederlagen, weil eine aus Puritanern bestehende Kavallerietruppe das Parlamentsheer unterstützte. Angeführt wurde sie von **Oliver Cromwell** (1599–1658), einer Schlüsselfigur im Bürgerkrieg.

Cromwell war ein puritanischer Eiferer, für den die Engländer das von Gott erwählte Volk waren. Er drang sowohl auf die protestantische Reform der Kirche als auch auf die Übertragung aller Rechte auf das Parlament. Nach weiteren kriegerischen Auseinandersetzungen unterlagen die Truppen des Königs im August 1648 erneut. Charles I. wurde daraufhin der Prozess im *High Court of Justice* gemacht, zum Tode verurteilt und am 30. Januar 1649 enthauptet.

Einer der politischen Denker unter Cromwell hieß **John Milton** (1608–1674). Der Dichter hatte 1649 ein einflussreiches Pamphlet zur Rechtfertigung der von Cromwell befohlenen Hinrichtung von Charles I. verfasst und »glänzte« mit Forderungen wie dieser: »Let not England forget her precedence of teaching nations how to live« (Lasst England nicht seine Berufung vergessen, die Nationen zu lehren, wie man lebt.).

Nach der Hinrichtung des Königs schienen die Zeiten der Monarchie vorbei, denn das Unterhaus erklärte England zur Republik. Unter dem neuen Regenten, dem Lordprotektor Oliver Cromwell, entwickelte sie sich allerdings ziemlich rasch zu einer Diktatur. Zudem ging das neue Regime massenmörderisch gegen die Katholiken in Irland vor. Cromwell starb 1658. Sein Sohn und Nachfolger Richard dankte aus Unfähigkeit zwei Jahre später ab.

1660 feierte die Monarchie in England ihre Wiederauferstehung, besetzte König **Charles II.** (1630–1685) den Thron. Da der älteste Sohn des hingerichteten Charles I. wie sein Vater das Gottesgnadentum der Könige über alles stellte, kam es erneut zu scharfen Konflikten. 1688 kulminierten die wachsenden Spannungen zwischen den Verfechtern des Parlamentarismus und der Krone in der **Glorious Revolution**. Und da der Adel davon ausging, dass er das anglikanisch gewordene Britannien zum Katholizismus zurückführen und eine absolutistische Herrschaftsform wie in Frankreich errichten wollte, wurde Charles II. in einer unblutigen Revolution kurzerhand abgesetzt. Ihm folgte seine protestantische Tochter Mary II. (1662–1694), die mit ihrem Gemahl William III. (Wilhelm von Oranien; 1650–1702), dem Statthalter der Niederlande, am 11. April 1689 gemeinsam in der Westminster Abbey gekrönt wurde.

Als das ungewöhnliche Königspaar die Throne der Königreiche England, Schottland und Irland besetzte, hatten das englische Ober- und Unterhaus eine Erklärung der Rechte verabschiedet, die am 23. Oktober 1689 von Mary II. und William III. als **Bill of Rights** anerkannt wurde. Ihre Unterschrift setzte in der Frühen Neuzeit sozusagen das i-Tüpfelchen auf die Interessen des Parlaments, das sich damit nach einer jahrzehntelangen Auseinandersetzung mit der Monarchie endlich weitgehend durchgesetzt hatte.

Die *Bill of Rights* stärkte die Rechte des englischen Parlaments durch die Einrichtung der konstitutionellen Monarchie, in der die Macht von

Königin oder König durch eine Verfassung geregelt und beschränkt ist. Die *Bill* schrieb wichtige Grundrechte wie die freie Wahl des Parlaments und die Unabhängigkeit der Justiz fest und definierte unmissverständlich die Rollen von Monarch und Abgeordneten. Die Politik Englands wurde fortan wesentlich von Parteimitgliedern der **Whigs** und konservativen **Tories** sowie dem Premierminister bestimmt. Zudem avancierte die *Bill of Rights* zum Vorbild für die Verfassung der Vereinigten Staaten von 1787 und die Erklärung der Menschen- und Bürgerrechte durch die französische Nationalversammlung am 26. August 1789.

GOOD TO KNOW

Im Gegensatz zur Republik übt in einer Monarchie ein einzelner Monarch oder eine Monarchin die Herrschaft aus. Wenn das Recht zu regieren innerhalb der Familie weitervererbt wird (was im Vereinigten Königreich der Fall ist), handelt es sich um eine Erbmonarchie. In den parlamentarischen oder konstitutionellen Monarchien moderner demokratischer Staaten können Königin oder König jedoch nur das tun und entscheiden, was in der Verfassung über ihre Aufgaben steht. Zumeist ernennen sie Regierungschefs, Minister und Ministerinnen, unterzeichnen Gesetze und repräsentieren ihren Staat bei offiziellen Anlässen.

ENGLISCHE EIGENSTÄNDIGKEIT

16

Wieso heißt es nicht **Full British Breakfast?**

WEIL DIE SPEISE EINE REIN ENGLISCHE ERRUNGENSCHAFT IST. SIE GAB ES SCHON LANGE VOR 1707, ALS GROSSBRITANNIEN AUS DER TAUFE GEHOBEN WURDE.

Ein weiterer historischer Paukenschlag erfolgte auf der Insel im frühen 18. Jahrhundert, als die Parlamente von Schottland und England einen Unionsvertrag ratifizierten, in dem die Befugnisse der beiden Kronen zusammengelegt worden waren. Durch die nach vielen Unabhängigkeitskriegen zustande gekommene Verbindung des Königreichs Schottland mit dem Königreich England samt dem eingegliederten Wales entstand am 1. Mai 1707 etwas staatstragend Neues: das **Kingdom of Great Britain** (Königreich Großbritannien). Das aus dem angelsächsischen *Witenagemot* hervorgegangene englische Parlament mit Sitz in Westminister wurde dabei zum Parlament des gesamten Königreichs Großbritannien ausgeweitet und das schottische aufgelöst. Zugleich erfolgte die Umbenennung in **Parliament of Great Britain.** Beide Länder hatten nun Sitze im *House of Commons* und im *House of Lords*.

Bemerkenswert ist die Rolle von **Anne** aus dem Hause Stuart (1665–1714). Diese letzte Monarchin der Stuarts war von 1702 bis 1707 Königin der Königreiche England und Schottland und ab 1707 die erste Königin des neuen Königreiches Großbritannien. Von 1702 bis zu ihrem Tod 1714 wirkte sie zudem als Königin von Irland.

Seit dem Mittelalter gibt es auf der Insel Britannien eine nach wie vor so namhafte wie den Bauch füllende Morgenspeise, die mit Eiern, Schinkenspeck, Bohnen und anderem mehr aufwartet. Sie erhielt ab 1707, als Großbritannien entstand, freilich nicht den passenderen Namen »Full Great British Breakfast«. Nein, die sättigende Speise verrät immer noch, dass sie eine rein englische Errungenschaft ist – ein **Full English Breakfast** eben. Wer, wie bereits im 13. Jahrhundert der englische Adel, das *Full English Breakfast* als die wichtigste Mahlzeit des Tages betrachtet, sollte sich nicht scheuen, morgens um die 1.000 Kalorien zu sich zu nehmen.

ENGLISCHE EIGENSTÄNDIGKEIT

17

Welche englischen US-Kolonien zogen 1776 die Notbremse?

IN DER *DECLARATION OF INDEPENDENCE* VOM 4. JULI 1776 PROKLAMIERTEN INSGESAMT 13 BRITISCHE KOLONIEN IHRE LOSLÖSUNG VOM KÖNIGREICH. NAMEN FOLGEN GLEICH.

Zwar scheiterten die ab 1584 durchgeführten englischen Besiedlungsversuche bei Roanoke Island an der Küste des heutigen North Carolina. Sie stimulierten aber weitere Kolonialisierungsversuche. So stellte im April 1606 der Monarch **James I.** ein königliches Handels- und Siedlungspatent für Nordamerika aus, das die Ostküste unter zwei der eigens für die Errichtung von Kolonien gegründeten englischen Aktiengesellschaften aufteilte. Anfang 1607 sandte die eine, die *Virginia Company of London*, eine Gruppe von Abenteuerlustigen auf drei Schiffen über den Atlantik, die am 13. Mai an der wenig wirtlichen Chesapeake Bay landete.

Nach ihrer Ankunft erkundeten die Männer den James River und gründeten auf einer landeinwärts gelegenen Insel die gut mit Schiffen erreichbare Siedlung **Jamestown**. Deren Name ehrte König James I. In der neuen Kolonie Virginia wurde zunächst keins der von der *Company* gesteckten Ziele erreicht. Weder fanden die Siedler Gold und Silber, noch konnten sie nordamerikanische Ureinwohner zum Christentum bekehren. Im Übrigen blieben Angriffe der *Native Americans* nicht aus. Einer der Abenteurer, die für die *Virginia Company* tätig waren, wurde im Dezember 1607 von Angehörigen des Stammes der Algonkin gefangen genommen. Sein Name lautete **John Smith** (1580–1631). Durch glückliche Umstände kam er 1608 wieder frei, betätigte sich ein Jahr lang als Führer der Siedlergemeinde und kehrte dann nach England zurück.

1614 reiste John Smith erneut an die Ostküste von Nordamerika. Diesmal jedoch in die Gegend der heutigen Staaten Maine und Massachusetts, die er intensiv erkundete und in seinem 1616 veröffentlichten Buch *A Description of New England* beschrieb. Bald darauf begann die Kolonisation von **New England** durch küstennahe Niederlassungen. So gründeten im Jahr 1620 die *Pilgrim Fathers* bzw. **Pilgrims**, die überwiegend aus Mittelengland stammten, die eigenständige *Plymouth Colony*.

GOOD TO KNOW

Am 6. September 1620 setzte im englischen Plymouth die Mayflower die Segel und stach gen Nordamerika in See. An Bord waren überwiegend **Pilgrims**. Sie waren Angehörige einer zu jener Zeit in England verfolgten calvinistischen Gruppe. Im November 1620 erreichte das Auswandererschiff aufgrund eines Sturms nicht das Ziel Virginia, sondern ankerte in der Cape Cod Bay. Weil nun das Landpatent der Siedler für die Kolonie Virginia, nicht aber für Neuengland ausgestellt worden war, setzten 41 Pilgerväter kurzerhand »The Mayflower Compact« auf. Der Vertrag vom 11. November 1620 gilt als frühestes Dokument amerikanischer Selbstverwaltung und des Willens, ein Gemeinwesen mit selbstgegebenen, gerechten und gleichen Gesetzen zu ordnen. Daraufhin begannen die Pilgims mit der Anlage einer Siedlung, die sie heimatverbunden Plymouth nannten.

Zug um Zug bildete sich in der ersten Hälfte des 17. Jahrhunderts entlang der nordamerikanischen Ostküste ein geschlossenes Siedlungsgebiet heraus, von dem aus die englischen Kolonisten immer tiefer in noch unerschlossene Gebiete vorstießen. Nach der 1607 ausgerufenen Kolonie **Virginia** folgten zwischen 1620 und 1636 in New England die Gründungen der Kolonien **Plymouth**, **Massachusetts, Rhode Island**, **Connecticut** und **Maryland**. Im Verlauf der **Great Migration** zwischen 1630 und 1650 hatten die nordamerikanischen Kolonien einen immer stärkeren Zulauf aus den englischen Grafschaften, weil die gewaltsamen inneren Auseinandersetzungen und der Bürgerkrieg zehntausende Menschen dazu bewegten, in die Neue Welt auszuwandern. Die ursprünglich von den Niederländern und Schweden erschlossenen Kolonien **New York**, **New Jersey** und **Delaware** kamen in den 1660er-Jahren in den Besitz des englischen Königreichs. Schließlich erweiterte sich der Kolonienbestand bis 1681 um **Carolina, New Hampshire** und **Pennsylvania** auf den Stand von zwölf.

Bei der Expansion der englischen Kolonisten kam es zu zahlreichen gewaltsamen und mörderischen Auseinandersetzungen mit den Ureinwohnern. Eine der fürchterlichsten und blutigsten war 1675/76 der King

Philip's War im südöstlichen Massachusetts. In diesem Krieg verloren 800 Kolonisten, aber fast viermal soviele Angehörige der Wampanoag-Stämme das Leben.

Die letzte und 13. nordamerikanische Kolonie **Georgia** entstand 1732 – allerdings nicht unter der Krone von England, sondern unter der des Kingdom of Great Britain. Als Mitte der 1770er-Jahre zwischen den 13 Kolonien und der Kolonialmacht der **American Revolutionary War**, der Unabhängigkeitskrieg, begann, waren daran zwölf ursprünglich englische Kolonien beteiligt. In der **Declaration of Independence** vom 4. Juli 1776 proklamierten die 13 inzwischen britischen Kolonien ihre Loslösung vom Königreich und ihr Recht, einen eigenen souveränen Staatenbund zu bilden. Die überwiegend von Thomas Jefferson verfasste Unabhängigkeitserklärung dient zugleich als Gründungsurkunde der Vereinigten Staaten von Amerika (**USA**).

Größere Kampfhandlungen setzten sich noch bis zur britischen Niederlage in der Schlacht bei Yorktown 1781 fort. Am 3. September 1783 erkannte das Königreich Großbritannien im Frieden von Paris die Unabhängigkeit seiner ehemaligen Kolonien und damit die USA an.

ENGLAND IN GROSSBRITANNIEN

18

Welches Getränk verbirgt sich hinter der Redewendung: **Just wait and see?**

HIERZULANDE JEDENFALLS TEE. DENN WIE HEISST ES IN DEUTSCHEN LANDEN DOCH SO SCHÖN: ABWARTEN UND TEE TRINKEN.

Nur eben nicht in den englischen Grafschaften. Dort wird der Ausdruck **cup of tea** verwendet, um auszudrücken, was mensch mag oder gut kann. Ich höre gern das anerkennende: *You're my cup of tea*!

Das Teetrinken entwickelte sich in England ab dem frühen 17. Jahrhundert zu einem wichtigen häuslichen Ritual gewisser Kreise. Einer der großen Teetrinker in England war zugleich eine der größten literarischen Persönlichkeiten des 18. Jahrhunderts: Samuel Johnson (1709–1784). Er leistete als Dichter, Biograf, Essayist, Herausgeber, Literaturkritiker und Lexikograf bedeutende Beiträge zur englischen Literatur und war wie besessen von dem Getränk. Nach dem Erscheinen seines legendären *Dictionary of the English Language* im Jahre 1755 erhielt Johnson, der immer knapp bei Kasse war, ein beachtliches Honorar und kaufte sich umgehend einen kunstvoll gefertigten, silbernen *Teapot*.

Johnson beschrieb sich selbst als »ein abgehärteter und schamloser Teetrinker, der seit zwanzig Jahren seine Mahlzeiten nur mit dem Aufguss dieser faszinierenden Pflanze verdünnt; dessen Kessel kaum Zeit hat, abzukühlen; der mit Tee den Abend unterhält, mit Tee die Mitternacht tröstet und mit Tee den Morgen begrüßt.« Als er im Salon einer vornehmen Lady schließlich zweiunddreißig Tassen getrunken hatte, kommentierte die Gastgeberin: »Dr. Johnson, Sie trinken zu viel Tee.« Der wiederum antwortete: »Madam, Sie sind unverschämt.«

Die nachmittägliche **Tea Time** kam meines Wissens erst Mitte des 19. Jahrhunderts in Mode, als die Hofdame Lady Anna Maria Stanhope (1783–1857) ihre Freundinnen zu Tee und Gebäck, eben zum vielbeschworenen **Five-O-Clock-Tea,** einlud, um zwischen Lunch und Dinner nicht auszuhungern.

Ende des 20. Jahrhunderts geriet der *tea* ins Hintertreffen, denn 1986 überholte ihn **coffee** erstmals als beliebtestes englisches Heißgetränk. Vor allem die Jüngeren empfanden den üblichen mit Milch und Zucker versetzten Schwarz- bzw. *Breakfast Tea* in Beuteln als unmodern.

ENGLAND IN GROSSBRITANNIEN

19

Wo entstand und verschwand zuerst die englische Industrie?

WAS FÜR EINE FRAGE. IN NORDENGLAND BEKANNTLICH – ETWA IN LIVERPOOL UND MANCHESTER.

The birthplace of industry – so nennt sich der Ort Coalbrookdale in Shropshire. Denn hier richtete der Unternehmer Abraham Darby I. (1678–1717) einen Hochofen her, mit dem er 1709 begann, Eisenerz mit **coke**, mit Koks, zu schmelzen. Erstmals ersetzten damals Kohle und Eisen das knapp gewordene Holz als Brenn- und Werkstoff. In der Folgezeit verdrängte die fossile Durchfluss- die solare Kreislaufwirtschaft, konnten Industrialisierung und Wirtschaftswachstum loslegen.

Unter Abraham Darby II. (1711–1763) begann die große Expansion der Eisenproduktion, weil es ihm gelang, Roheisen herzustellen, das sich in Schmiedeeisen umwandeln ließ. Aus Guss- und Schmiedestücken wurden dann die aufkommenden Dampf- und anderen Maschinen hergestellt. Seit 1779 spannt sich in Coalbrookdale eine der weltersten eisernen Brücken, die **Ironbridge**, über den Severn.

Mit seinen Kohlefeldern verfügte England über viel Brennstoff. Der Bergbau prosperierte entsprechend. Und der durch die Herstellung und Verwendung von Koks entstandene Wissensvorsprung sorgte dafür, dass die Briten frühzeitig über Eisen zur Herstellung von Maschinen verfügten und mit der Kohle auch über den nötigen Brennstoff zu deren Antrieb. Ab Mitte der 1750er-Jahre setzte vor allem in Nordengland viel früher als auf dem Kontinent die Industrialisierung ein.

Als zu Beginn des 19. Jahrhunderts durch technische Verbesserungen dampfbetriebene Maschinen in der Wirtschaft und im Verkehr wirtschaftlich einsetzbar wurden, schossen Fabriken quasi aus dem Boden, nahmen die ersten Dampfeisenbahnen und -schiffe Fahrt auf. Zugleich erfolgte ein tiefgreifender Wandel in der Produktionsweise von handwerklichen und agrarischen Methoden zu maschineller Fertigung und Fabrikarbeit. Um 1800 gab es rund 2.500 Dampfmaschinen, von denen die meisten in Bergwerken, Baumwollspinnereien und Fabriken eingesetzt wurden. Die Eisen- und Stahlproduzenten, deren Material direkt etwa in den Schiffswerften benötigt wurde, expandierten, weil auch die Anlage von Kanälen voranschritt. 1830 begann der Boom der Eisenbahn, als die Gleisstrecke zwischen Manchester und Liverpool in Betrieb ging. 1838 folgte die von London nach Birmingham und 1845 die nach Manchester. Produkte, Waren und Menschen konnten fortan schneller und besser transportiert werden.

Mit der wachsenden nordenglischen Industrie erfuhren international immer bekanntere Städte wie Manchester und Liverpool ein ungeahntes Bevölkerungswachstum. Schließlich benötigten die neuen Fabriken Arbeitskräfte. Börsen und Banken setzten auf Aktien und Anleihen, um das Kapital für industrielle Investitionen aufzubringen. Der Überseehandel der Kolonialmacht England wiederum beschleunigte das enorme Wirtschaftswachstum. Während sich die Fabrikbesitzer über hohe Profite freuten, litten die Arbeiter unter Hungerlöhnen und Wohnungsnot.

Als es nach dem Zweiten Weltkrieg zur Auflösung des britischen Kolonialreichs durch die Unabhängigkeit von Indien und der meisten kolonialen Besitzungen in Afrika kam, blieb das für die Wirtschaft nicht folgenlos. Die Verluste wichtiger Rohstoffquellen und Absatzmärkte konnten selbst nach dem Beitritt zur Europäischen Gemeinschaft nicht ausgeglichen werden. In den 1970er-Jahren entstand eine Wirtschaftskrise, die die Situation zunehmend verschärfte. Im Winter 1978 lähmte eine Streikwelle das Land, türmte sich der Müll auf den Straßen.

Als 1979 Margaret Thatcher an die Macht kam, nahm deren extrem neoliberale Politik Fahrt auf. Während Industriearbeitsplätze massenhaft abgebaut wurden, erfolgte der Ausbau des Dienstleistungssektors. Ende 1981 war die Industrieproduktion bereits um ein Viertel gefallen, stieg die Arbeitslosigkeit rasant und erreichte die Inflation 22 Prozent. Zwei Jahre nach dem grausigen Falklandkrieg von 1982 stellte Premierministerin Thatcher die Schließung von mehr als 70 der noch existierenden 200 englischen Grubenbetrieben mit rund 70.000 Arbeitsplätzen in den Raum. Prompt rief deren vom Sozialisten Arthur Scargill geführte Gewerkschaft *National Union of Mineworkers* zum Streik und Entscheidungskampf über die Zukunft des Landes auf. Zwar waren auf dem Höhepunkt der Streikbewegung weit mehr als 100.000 Bergleute im Ausstand, der eisernen Ladies Schließungsentscheidung aber blieb bestehen. Als 1994 die Reste der Branche privatisiert wurden, gab es nur noch 16 Gruben mit 8.000 Bergleuten im Lande.

Durch die neoliberale »Rosskur« von Lady Thatcher verloren Millionen ihre Arbeit, stieg bis Mitte der 1990er-Jahre die Arbeitslosenquote massiv. Zudem erwiesen sich die neuen Stellen im Dienstleistungssektor meist als schlecht bezahlt. Vor allem in Englands Mitte und Norden verödeten die traditionsreichen Industriezentren, expandierten Armut, Verfall, Kriminalität und Drogen.

GOOD TO KNOW

Um 2015 arbeiteten im Mutterland der sogenannten industriellen Revolution von den rund 31 Millionen Erwerbstätigen keine fünf Millionen Menschen mehr im verarbeitenden Sektor, hielt der Niedergang der Industrie weiter an. Als 2016 im von Premierminister Cameron initiierten Referendum die Frage zu beantworten war: »Should the United Kingdom remain a member of the European Union or leave the European Union?«, entschieden sich die Arbeitsplatzverlierer und Geringverdiener vor allem in Mittel- und Nordengland für den Brexit.

ENGLAND IN GROSSBRITANNIEN

20

Was trieb Friedrich Engels in **Cottonopolis** zur Sozial-forschung?

DIE SCHLECHTE LUFT, DER LÄRM, GESTANK, DRECK UND DIE UNMENSCHLICHEN ZUSTÄNDE IN DEN BAUMWOLLVERARBEITENDEN FABRIKEN VON MANCHESTER. VON DEN ÜBERFÜLLTEN, FEUCHTEN UND UNBEHEIZTEN WOHNUNGEN DER ARBEITER GANZ ZU SCHWEIGEN.

Friedrich Engels kam am 28. November 1820 als Sohn eines wohlhabenden Textilfabrikanten in Barmen zur Welt. Er besuchte das Gymnasium und absolvierte ab 1838 in Bremen eine kaufmännische Ausbildung. Von 1841 an leistete er in Berlin den Militärdienst, besuchte zugleich Vorlesungen der Philosophie an der Universität und schloss sich dem Kreis der Junghegelianer an.

Von Dezember 1842 bis August 1844 arbeitete der junge Engels als »General Assistant« bei der väterlichen Firma Ermen & Engels in **Manchester** – der ersten modernen Industriemetropole mit schon 350.000 Einwohnern. In der Stadt mit dem Spitznamen **Cottonopolis** war 1782 die erste Baumwollfabrik errichtet worden, 1790 gab es bereits mehr als 50, 1840 sagenhafte 1.100. Dampfmaschinen trieben seit 1790 alles Mögliche an und in den vielen **Warehouses** herrschte Überfüllung. Kanäle und ab 1830 auch die Eisenbahn versorgten Manchester mit Kohle und verbanden die Stadt mit dem für den Im- und Export so wichtigen Hafen von Liverpool.

Nach seiner Rückkehr in die Heimat verfasste Friedrich Engels sein 1845 publiziertes Werk *Die Lage der arbeitenden Klasse in England*, die er mit dem treffenden Untertitel *Nach eigner Anschauung und authentischen Quellen* versah. In der als Pionierarbeit der empirischen Sozialforschung geltenden Studie über die Entstehung und Entwicklung einer modernen Arbeiterklasse behandelt Engels ausführlich Manchester, wo er intensive Erfahrungen sammeln konnte, aber auch Industriestädte wie Birmingham, Nottingham, Leeds, Liverpool und London. Er geht ebenso umfänglich und kritisch auf die Lebenslage der Arbeiterklasse ein wie auf die ökologischen Folgen des industriellen Kapitalismus: die Verschmutzung der Luft, des Wassers und des Bodens, den Raubbau der Ressourcen und der Landschaftszerstörung. Seine Bilanz der Notlagen umfasst im letzten Kapitel der Studie auch die »Stellung der Bourgeoisie zum Proletariat«.

Friedrich Engels verfasste die bahnbrechende Arbeit über *die Lage der arbeitenden Klasse*, weil er sich 1843 und 1844 in Manchester in eine »ganz neue Welt versetzt« gefühlt hatte mit rauchenden Fabrikschloten, schlechter Luft, mit Lärm, Gestank, Dreck und kaum vorhandenen sanitären Anlagen. Er hatte die überfüllten, feuchten und unbeheizten Wohnungen der Arbeiter gesehen und die unfassbar unmenschlichen Zustände in den baumwollverarbeitenden Fabrikgebäuden. Er wusste, was es für die Arbeiter hieß, in Schichten 12 bis 16 Stunden lang schuften zu müssen.

Als Friedrich Engels 1850 in Manchester erneut ins väterliche Unternehmen eintrat, das für sein reißfestes **Diamond Thread** zum Maschinennähen bekannt war, erreichte die baumwollverarbeitende Industrie in Lancashire gerade ihren Zenit. Mehr als 2.000 Spinnereien verarbeiteten mehr als zwei Millionen Tonnen Rohbaumwolle im Jahr und von den Webstühlen waren rund 300.000 mit Dampf betrieben.

GOOD TO KNOW

Der deutsche Philosoph, Gesellschaftstheoretiker, Historiker, Journalist und Revolutionär Friedrich Engels (1820-1895) entwickelte gemeinsam mit Karl Marx den historischen Materialismus. Darüber hinaus führte er ab 1850 die väterliche Baumwollspinnerei in Manchester. 1869 verkaufte er seine Firmenanteile und übersiedelte nach London in die Regent's Park Road 122, nicht weit entfernt von dem von ihm vielfach unterstützten Freund Marx. Ab den 1880er-Jahren wirkte Engels als führende geistige Persönlichkeit des internationalen Sozialismus und der Sozialdemokratischen Partei Deutschlands, die mit Gewerkschaften und Arbeitskämpfen soziale und wirtschaftliche Verbesserungen durchsetzen wollte. Sein Haus diente bis zu seinem Tod als Treffpunkt von Mitstreitern wie August Bebel, Eduard Bernstein und Paul Lafargue.

ENGLAND IN GROSSBRITANNIEN

21

Fand Karl Marx den Linksverkehr in England idiotisch?

SCHWER ZU SAGEN. IMMERHIN KANNTE ER AUS DEUTSCHLAND DAS VON NAPOLEON VERHÄNGTE RECHTSFAHRGEBOT.

In der zweiten Hälfte des 19. Jahrhunderts ritten oder rollten in der **cab** genannten Droschke oder im **horse bus** genannten Pferdeomnibus nicht zuletzt die nach England emigrierten deutschen Kommunisten Friedrich Engels und Karl Marx auf der linken Weges- oder Straßenseite. Ob sie davon irritiert waren, ist nicht überliefert. Beide waren nach der militärischen Niederschlagung der »Reichsverfassungskampagne«, die im Juli 1849 das Ende der Revolution in Deutschland besiegelte, wie zahlreiche andere Revolutionäre auch vor politischer Verfolgung nach England geflohen.

Nun bin ich in jüngeren Jahren davon ausgegangen, dass die Engländer von jeher anders als wir vom Kontinent ticken und deshalb links und nicht rechts ritten oder Kutsche fuhren. Dem ist aber nicht so. Denn die Linksfahrordnung war vor der **Französischen Revolution** 1789 die Regel und ist es für ein gutes Drittel der Menschheit immer noch, zum Beispiel in Australien, Indien, Indonesien, Japan und Südafrika.

Ein plausibler, wenn auch theoretischer Grund für den Linksverkehr ergibt sich aus der Tatsache, dass die Mehrheit der Menschen Rechtshänder waren und sind. In der Vergangenheit bestiegen deshalb die Reiter – zumal die, die ein Schwert trugen – ihr Pferd in aller Regel von der linken Seite. Und die Kutscher saßen so gut wie immer auf der rechten Seite des Kutschbocks, weil sie – als Rechtshänder – die hinter ihnen sitzenden Passagiere beim Ausholen der Peitsche nicht gefährden wollten. Dass sie der besseren Übersicht wegen dann auch beim Fahren die linke Weges- oder Straßenseite bevorzugten, liegt auf der Hand.

Der erste Rechtsverkehr in Europa wurde den Bewohnern Frankreichs bei der Revolution 1789 verordnet. **Napoleon Bonaparte**, dem die Französische Revolution den Weg bereitete, unterwarf dann nicht nur fast ganz Europa, sondern erließ in den besetzten Ländern, einschließlich der deutschen Lande, das Rechtsfahrgebot. Zwar hegte er Pläne für die Eroberung Englands; dieser Traum aber war im Oktober 1805 vorbei, als die Britische Flotte unter Admiral **Lord Nelson** die Armada der Franzosen vernichtend schlug. Und das ersparte dem Königreich Großbritannien und damit der Führungsmacht England die Abschaffung des traditionellen Linksverkehrs. 1835 wurde er gesetzlich festgeschrieben.

GOOD TO KNOW

Der Philosoph, Nationalökonom und Journalist Karl Marx (1818-1883) musste nach der gescheiterten Revolution in den deutschen Landen im Herbst 1849 mit seiner Frau Jenny von Westphalen und den Kindern nach London emigrieren. Sie lebten zunächst in Soho in der Dean Street 28, ab 1856 dann in Hampstead im Haus Grafton Terrace 46 und ab 1864 in der Maitland Park Road. In London entstand sein Lebenswerk. In der Schrift **Zur Kritik der politischen Ökonomie** veröffentlichte Karl Marx 1859 erstmals eine ausgearbeitete Form seiner Theorie der kapitalistischen Produktionsweise, die er (und teils Engels) in den ab 1867 publizierten drei Bänden **Das Kapital** ausführlich darstellte.

Musste sich Karl Marx, als er sich 1849 in London niederließ, an den englischen Linksverkehr gewöhnen? Gut möglich, denn nach Napoleons Niederlage blieben die meisten befreiten Länder beim Rechtsverkehr, und die preußische Provinz Westfalen auch. Für seine wissenschaftliche Arbeit an der Theorie des historischen Materialismus suchte Marx häufig die im Stadtteil Bloomsbury gelegene **British Museum Library** auf, die damals größte Bibliothek des Landes. Den Weg zum British Museum und zurück nach Hause in der Nähe des Parks **Hampstead Heath** legte der Philosoph üblicherweise im *horse bus* der *London General Omnibus Company* zurück – links der Straßenmitte, versteht sich.

ENGLAND IN GROSSBRITANNIEN

22

Wie viele Schrauben sind bei der ersten Eisenbahn der Welt locker?

VIEL ZU VIELE. DAS BAHNFAHREN IN ENGLAND IST HEUTZUTAGE VERGLEICHSWEISE TEUER UND UMSTÄNDLICH.

Die erste zweckdienliche Lokomotive setzte **Richard Trevithick** (1771–1833) in Fahrt. Der englische Grubeningenieur entwickelte mit seinen Mitarbeitern einen waagerecht liegenden Hochdruckdampfkessel mit Schornstein und zugleich die erste Dampflokomotive. Sie fuhr das erste Mal am 25. Februar 1804 auf einer Hüttenwerksbahn und zog fünf Waggons mit einer Last von zehn Tonnen über eine Strecke von rund 15 Kilometern.

Als nachhaltig industrieller Verwerter der von Trevithick entwickelten Technik trat ab 1814 der englische Unternehmer **George Stephenson** (1781–1848) auf. Er leitete von 1821 bis 1825 den Bau der weltweit ersten öffentlichen Bahnlinie im Kohlerevier der Grafschaft Durham. Betrieben wurde die von Dampflokomotiven befahrene Linie von der *Stockton and Darlington Railway* Eisenbahngesellschaft, die bis 1863 im Nordosten Englands tätig war.

Das enorme Potenzial des neuen Verkehrsmittels zeigte sich 1830 bei der Einweihung der öffentlichen Linie **Liverpool – Manchester**. Die zweigleisig geführte Strecke verlief durch einen zwei Kilometer langen Tunnel sowie über 65 Viadukte. Die Bahnhöfe verfügten über Ausweich- und Rangiergleise, und es gab einen Fahrplan. Der Eisenbahnbau bewirkte in England eine gewaltige Nachfrage nach Erzeugnissen der Bergwerke und der Schwerindustrie. So setzte der notwendige Gleis-, Lok- und Waggonbau die Gründung von Puddel- und Walzwerken voraus, und ihr Betrieb wiederum trieb die Ausbeutung der Steinkohlelagerstätten voran.

Das in England von Dutzenden privaten Eisenbahngesellschaften geprägte System avancierte zum **Leitsektor** der Industrialisierung. Die größte Ausdehnung erreichte das Bahnnetz 1912 mit einer Gesamtlänge von 37.740 Kilometer. Davon befanden sich 26.119 Kilometer in England und Wales, 6.142 in Schottland und 5.479 in Irland. Weil nach dem Zweiten Weltkrieg die Schienen teils zerstört und verschlissen waren, verstaatlichte die *Labour*-Regierung zum 1. Januar 1948 das Eisenbahnnetz und brachte die neue staatliche Gesellschaft **British Railways** in Fahrt.

1992 verkündete die *Conservative Party*, sie würde die Eisenbahn privatisieren. Zuvor hatte die Regierung fast alle Staatsbetriebe verkauft. Die Privatisierung von **British Rail** erfolgte zum 1. April 1994. Sie wurde an über 100 verschiedene Privatunternehmen verscherbelt. Das Schienen- und Signalsystem sowie die Bahnhöfe erhielt die Firma **Railtrack**. Dass die von neoliberalen Ökonomen behaupteten Vorteile der Trennung von Trasse und Traktion in der Praxis von gewaltigen Nachteilen begleitet sind, zeigte sich schon bald nach der Privatisierung. Weil Railtrack den Betrieb der Infrastruktur zugunsten hoher Profite stark vernachlässigte und es zu Unfällen kam, erfolgte 2002 die Wiederverstaatlichung des Schienennetzes, der Signalanlagen, Brücken und Tunnel.

Auch mit den mehr als 20 subventionierten **Train Operating Companies**, die die englischen Strecken mit Zügen befahren, die von subventionierten **Rolling Stock Companies** angemietet sind, sind die Erfahrungen der Bahnreisenden alles andere als gut. Sie wurden und werden seit der Privatisierung dermaßen von Zugausfällen, überfüllten Waggons, Verspätungen und einem chaotischen Tarifsystem gepeinigt, dass die Forderung nach einer Wiederverstaatlichung der Traktion immer lauter geworden ist.

Die in England erfundene und zunächst beeindruckend erfolgreiche **Railway** hat sich im späten 20. Jahrhundert auf der Insel als Lehrbeispiel für die Problematik der Privatisierung hochkomplexer Verkehrssysteme erwiesen. Das Bahnfahren ist vergleichsweise teuer und einige der Bahnunternehmen werden von ausländischen Unternehmen gesteuert. Der größte Güterbahnbetreiber auf der Insel ist DB Cargo UK, der für den königlichen Hof auch den **Royal Train** betreibt.

Die seit 2024 amtierende *Labour*-Regierung nutzt inzwischen die neue staatliche Dachgesellschaft **Great British Railways** (**GBR**) zum Betrieb der Infrastruktur und Kontrolle der privaten Anbieter. Sowie Verträge mit ihnen auslaufen oder zuvor gekündigt werden können, soll deren Betrieb enden und von *GBR* übernommen werden. Allerdings werden die privaten *Rolling Stock Companies* im Geschäft bleiben. Inwieweit sich dieses entstehende neue System als der Weisheit letzter Schluss erweist, bleibt abzuwarten.

ENGLAND IN GROSSBRITANNIEN

23

Welcher Erfinder des Pkws wird sonderbarerweise ignoriert?

DER UNTERNEHMER WALTER HANCOCK. ER BRACHTE 1838 DAS ERSTE ALLTAGS-TAUGLICHE AUTOMOBIL ÜBERHAUPT AUF DIE STRASSEN.

Unter dem Druck profitorientierter industrieller und privatinvestorischer Interessen setzten sich in England mit Dampf betriebene Eisenbahnen rasch durch und wurden zu einem wichtigen Träger des landgestützten Güter- und Personentransports. Dampfschiffe übernahmen die windkraftunabhängige Eroberung der Flüsse und Meere und **Großraum-Dampf-Chaisen** zunehmend die Personenbeförderung auf den Straßen.

Das Interesse der frühen Dampfautomobil-Pioniere richtete sich auf den Ersatz der von Pferden gezogenen *Mail Coach*-Eildienste und der städtischen Omnibusse durch **self-propelled vehicle**. Ihre Leistungen, die nach dem Bau von rund 50 größeren Dampfbussen in den 1840er-Jahren ein gesetzlich forciertes Ende fanden, werden in den gängigen Autogeschichtswerken zumeist unterschlagen. Dabei waren ihre **steamer** ein Meilenstein in der automobiltechnischen Entwicklungsgeschichte. Deren Konstrukteure trieben die praktische Erprobung und den Einsatz von Wechsel- und Differenzialgetrieben, Lenksystemen, wirksamen Bremsen, leichteren Materialien etc. voran, als es noch keine Benzin- und Elektroautoentwickler gab.

1824 stieg mit **Walter Hancock** (1799–1852) ein bedeutender Erfinder und Unternehmer in das damals lohnend scheinende Geschäft mit der maschinengestützten Straßenmobilität ein. 1829 kam sein zehnsitziger Kraftbus »Infant« in Betrieb, der zwischen London und Stratford-upon-Avon verkehrte, und 1832 der Stadtomnibustyp **The Enterprise**, der auf Längsbänken 14 Personen Platz bot. Die an den kastenförmigen Shillibeer-Pferdeomnibus angelehnte Baureihe nahm 1833 für die *London and Paddington Steam Carriage Company* den regulären Betrieb zwischen London Wall und Paddington auf.

Zu Beginn der 1830er-Jahre waren im Großraum London circa 20 Dampfbusse in Betrieb. Eine mächtige Konkurrenz zu den Kutschendiensten konnten sie rein zahlenmäßig nicht sein; auch mangelte es an einer ausreichenden Zahl von Wasser- und Kohlevorhaltestationen. Im Zeitraum zwischen 1833 und 1836 beförderten Hancocks *steam buses* zwischen der Londoner City und Paddington, Islington und Stratford fahrplangetreu 12.800 Passagiere. Ab 1840 lief die Entwicklung von dampfgetriebenen Straßenfahrzeugen aus, weil die Mautgebühren zu hoch wurden. Für ihr endgültiges Aus sorgte 1865 der **Red Flag Act,** der sie für allgemeingefährlich erklärte.

Eine ganz spezielle Dampfwagenbauart erlebten um 1838 die Passanten auf Londons Straßen und im Hyde Park – den von Walter Hancock für seinen persönlichen Gebrauch gebauten, als Phaeton karossierten Pkw. Dieser Wagen nahm von der Bauart her die Entwicklung der 60 Jahre später auf die Straßen kommenden Fahrzeuge mit Benzinmotor vorweg und war das erste alltagstaugliche Automobil überhaupt. Sein Konstrukteur und Erbauer berichtete über die näheren Umstände des Inverkehrbringens seines **steam phaeton** am 4. Juli 1838:

»Er hat Sitze für drei Personen, unabhängig von der des Fahrers. Ich fahre den Wagen hauptsächlich in der City und auf den Straßen im Osten Londons [...]. Ich bin mit dem Wagen zwanzig Meilen in der Stunde gefahren, aber die übliche Geschwindigkeit beträgt nicht mehr als zehn bis zwölf.«

Walter Hancocks Dampfwagen war nicht nur schneller als die ersten Autos mit Benzinmotoren, sein Wagen entwickelte beim Fahren zudem weder stinkenden Rauch noch Lärm. Er startete meines Erachtens die Ära des modernen Automobils. Ganz schön merkwürdig, dass selbst auf der Insel der erste funktionale Pkw eines Engländers immer noch »übersehen« wird.

ENGLAND IN GROSSBRITANNIEN

24

War das viktorianische Zeitalter eigentlich außergewöhnlich?

ALLEMAL. ES WÄHRTE VON 1837 BIS 1901 UND BEINHALTETE DEN AUFSTIEG DES UNITED KINGDOM ZUR FÜHRENDEN WELT- UND WIRTSCHAFTSMACHT.

Neulich erzählte mir eine Bekannte von ihrem Aufenthalt in einem als charmant beworbenen viktorianischen Cottage in Cornwall. »Das war ein kleines Haus zum Wohlfühlen«, meinte sie. **Victorian** bzw. viktorianisch ist die übergreifende Bezeichnung für die vorherrschenden Architektur- und Einrichtungsstile in der zweiten Hälfte des 19. Jahrhunderts. Die Namensgeberin dieser Stilrichtung war Queen Victoria (1819–1901), die ab 1876 zusätzlich auch den Titel **Empress of India** (Kaiserin von Indien) führte.

1840 heiratete die Monarchin Albert von Sachsen-Coburg und Gotha. Aus der Verbindung gingen innerhalb von 17 Jahren neun Kinder hervor, die ersten fünf brachte Victoria in sechs Jahren zur Welt. Da sie jede ihrer Schwangerschaften und Geburten als Qual und Zumutung empfand, ließ sie sich bei der Geburt ihrer beiden jüngsten Kinder mit Chloroform betäuben und förderte damit diese neuartige Narkosetechnik. Während ihrer als glücklich beschriebenen Ehe stand die Königin auch politisch stark unter dem Einfluss ihres Gatten Albert, der sich als Initiator und Mitplaner der ersten Weltausstellung 1851 in London engagierte. Als der Prinz 1861 starb, zog sich Victoria eine längere Zeit intensiv trauernd aus der Öffentlichkeit zurück.

Die Regentschaft der Königin währte von 1837 bis 1901 und wird als **Victorian era** gewürdigt. Geprägt waren die 63 Jahre von einer überwiegend florierenden Wirtschaft. Hinzu kam der Aufstieg des von England geprägten United Kingdom zur führenden Welt- und Wirtschaftsmacht. Als Victoria 1901 starb, hatte das britische **Empire** das bisher größte Herrschergebiet in der Geschichte der Menschheit.

Geprägt war das Zeitalter aber auch – für gut zwei Drittel der Bevölkerung – von großer Armut, knapper Nahrung, fehlendem festen Wohnraum, sehr geringen Löhnen und langen Arbeitstagen. Da durch Industrialisierung, Verstädterung und Eisenbahnbau viele traditionelle Erwerbszweige vernichtet wurden, war mangels sozial- und gesundheitspolitischer Maßnahmen die Verelendung großer Bevölkerungsschichten zumal in den Ghettos und Slums der Industriestädte unübersehbar. Dennoch blieb trotz etwa des Wirkens von Marx und Engels die Arbeiterbewegung schwach. Erst kurz vor dem Tod von Queen Victoria bildete sich 1900 mit der **Labour Party** eine Arbeiterpartei.

GOOD TO KNOW

Die offizielle Flagge des Vereinigten Königreichs von Großbritannien und Nordirland wird **Union Jack** genannt. Sie hat den blauen Grund der Schottland-Flagge, der überlagert wird vom roten **St. George's Cross** Englands und dem weißen **St. Andrew's Cross** Schottlands, das wiederum vom roten **St. Patrick's Cross** Irlands überlagert wird. Der **Union Jack** symbolisiert die Einheit der drei Königreiche England, Schottland und Nordirland. Ursprünglich geht er auf die 1606 erfolgte Verschmelzung der Flaggen von England und Schottland zurück. Eine Nation des Vereinten Königreichs bleibt im **Union Jack** bis heute außen vor: Wales. Deren Flagge besteht aus einem weiß-grünen Hintergrund und einem roten Drachen im Vordergrund.

Bemerkenswerterweise hatte Queen Victoria, nach der das Zeitalter benannt ist, so gut wie keinen politischen Einfluss auf das britische Regierungsgeschehen. Handelnd entscheidend gestaltet hat sie fast zwei Drittel des 19. Jahrhunderts zweifellos nicht. Innenpolitische und soziale Probleme ließen sie völlig kalt. Ihr Prestige als Monarchin stieg im Laufe der Jahre vor allem, weil sie der Bevölkerung in der sich immer rascher wandelnden Welt »standesgemäß« ein Gefühl der Kontinuität und Beständigkeit vermittelte, indem sie Tradition und Konvention über alles stellte.

Die auch als »Großmutter Europas« titulierte Queen Victoria hatte 40 Enkel und 88 Urenkel, durch deren Ehen sie Nachkommen in fast allen europäischen Monarchien erhielt. Ihr 1859 geborener Enkel Prinz Wilhelm von Preußen zum Beispiel war der spätere **Kaiser Wilhelm II**. Als Victoria 1901 verstarb, übernahm ihr ungeliebter Sohn und Thronfolger Prinz Albert Eduard (1841–1910) als Eduard VII. das Szepter.

ENGLAND IN GROSSBRITANNIEN

25

Wie reagierten die Iren auf das wahnsinnige Regime der Engländer?

ZUNÄCHST IM JAHR 1911 AUF DEN MASSENDEMONSTRATIONEN INSBESONDERE DER KATHOLIKEN MIT DEN FORDERUNGEN NACH FREIHEIT UND SELBSTSTÄNDIGKEIT. DANN 1921 MIT DEM SIEG IM IRISCHEN FREIHEITSKRIEG.

»In England ist immer Wales eingeschlossen, in Großbritannien England, Wales und Schottland, im Vereinigten Königreich jene drei Länder und Irland.« So vermerkt Karl Marx im 1867 erschienenen ersten Band seines Werks *Das Kapital*.

In der Tat war im Jahr 1801 durch die Eingliederung von Irland gleichsam die Abrundung des 1707 etablierten Königreichs Großbritannien erfolgt, war der neue souveräne Staat **United Kingdom of Great Britain and Ireland** ins Weltgeschehen eingestiegen. Und zwar unter **Georg III.** (1738–1820), dem dritten britischen Monarchen aus dem deutschen Haus Hannover, und dem ersten, dessen Muttersprache Englisch war. Er fungierte von 1760 bis 1801 als König von Großbritannien und König von Irland, danach bis zu seinem Tod als König des Vereinigten Königreichs Großbritannien und Irland. Bis 1814 agierte Georg III. zusätzlich als Kurfürst von Braunschweig-Lüneburg, nach dem Wiener Kongress dann als König von Hannover.

Als sich während der langen Regentschaft von Georg III. der technische und medizinische Fortschritt in Großbritannien rasant entwickelte und das Königreich die Herrschaft über immer mehr Kolonialgebiete anstrebte, gab es die ersten massiven historischen Hinweise auf das letztendlich zum Scheitern verurteilte Ausbeuten anderer Länder. So musste Georg III. zur Kenntnis nehmen, dass seine britische Kolonialmacht im seit 1775 tobenden Unabhängigkeitskrieg der 13 nordamerikanischen Kolonien letztlich machtlos war.

Irland wurde ab 1536 zunehmend von englischen Truppen mit dem Ziel besetzt, die Insel zu anglisieren. Kritisch verlief die Eroberung, als das Gebiet von **Ulster** und des Clans des mächtigen Hugh O'Neill attackiert wurde, denn der Lord startete daraufhin 1594 den Neunjährigen

Krieg, der ganz Irland erfasste. Nach der Niederlage gegen das Königreich England und (!) Irland unter Elizabeth I. begann ab 1603 die Umsiedlung von englischen und schottischen Protestanten in das Gebiet von Ulster. Diese systematische Besiedlung des irischen Nordostens durch Wehrbauern ging als **Plantation of Ulster** in die leidvolle irische Geschichte ein.

Innerhalb des Vereinigten Königreichs nahm Irland trotz der eigenen Vertretung im Parlament eine Sonderstellung ein, denn es wurde faktisch wie eine Kolonie behandelt. Als 1845 in Europa eine damals rätselhaft erscheinende Kartoffelkrankheit ausbrach, zeitigte sie in Irland besonders fatale Folgen. (Es handelte sich um eine Pilzerkrankung, die aber von den Gelehrten nicht als solche erkannt wurde.) In den Jahren 1845 bis 1848 fielen aufgrund der »Kartoffelcholera« fast die gesamten Ernten aus und begann die Zeit des **Great Famine**, der Großen Hungersnot. Es war unverzeihlich, dass die Regierung in London zunächst jedwede Hilfsmaßnahmen ablehnte. Die wirtschaftlichen und gesellschaftlichen Folgen waren dramatisch: Mehr als eine Million Menschen in Irland verhungerten oder wurden von den Seuchen hingerafft, annähernd zwei Millionen Iren verließen ihre Heimat – ganz zu schweigen von den vielen Familien, die von den Großgrundbesitzern zur Auswanderung in die Kolonien nach Übersee gezwungen wurden.

Im frühen 20. Jahrhundert wurde immer deutlicher, dass es die Engländer durch ihre jahrhundertelange Knechtung und Ausbeutung der Iren nicht geschafft hatten, den Willen insbesondere der Katholiken nach Unabhängigkeit einzuschläfern. Massiv wahrnehmbar wurde das im Jahr 1911 auf den Massendemonstrationen mit den Forderungen nach Freiheit und Selbstständigkeit – die protestantische Minderheit forderte allerdings keine Abspaltung Irlands vom Königreich der Briten. Das Agieren von deren paramilitärischen Milizen und der katholischen Gegenorganisationen gipfelte 1916 im Osteraufstand, der aber niedergeschlagen wurde.

Ab dem Januar 1919 forcierte die Irisch-Republikanische Armee (IRA) den Kampf gegen die englischen bzw. britischen Besatzer. Der **Cogadh na Saoirse** (Irische Freiheitskrieg) endete im Juli 1921. Anschließend wurde der katholisch geprägte irische Freistaat **Saorstát Éireann** aus der Taufe gehoben, während das protestantisch dominierte Nordirland sich abspaltete. Es blieb weiterhin Teil des Vereinigten Königreiches unter dem seit 1910 amtierenden Georg V. (1865–1936). Der König, der zugleich Kaiser von Indien war, stammte aus der deutschen Dynastie Sachsen-Coburg und Gotha, deren Namen er während des Ersten Weltkriegs allerdings vorsichts- und patriotischhalber durch **Windsor** ersetzt hatte.

GOOD TO KNOW

Nordirland wird fälschlicherweise auch als Ulster bezeichnet, obwohl etwa 38 Prozent der Fläche der geschichtsträchtigen Provinz in der Republik Irland liegen. Der Begriff Ulster spielt nun deshalb noch eine Rolle, weil die zunehmende politische und wirtschaftliche Diskriminierung der katholischen Minderheit durch die protestantische Mehrheit ab 1968 den Nordirlandkonflikt bewirkte – **The Troubles** oder irisch **Na Trioblóidí**. Am bis 1998 anhaltenden mörderischen Geschehen waren nicht zuletzt die protestantischen Terrorgruppen **Ulster Defence Association** und **Ulster Volunteer Force** beteiligt.

Die Verselbstständigung eines großen Teils Irlands zog eine Schrumpfung des souveränen Vereinigten Königreichs nach sich. 1927 erfolgte die Änderung in den inzwischen vertrauten Namen **United Kingdom of Great Britain and Northern Ireland**. Der irische Freistaat heißt seit 1948 *Republic of Ireland*.

ENGLAND IN GROSSBRITANNIEN

26

Was hat die Erbmonarchie noch mit der Kabinettsregierung zu tun?

SIE IST VERFASSUNGSRECHTLICH AUF EINE ART SHOW-ROLLE BESCHRÄNKT. DIE EXEKUTIVE DES VEREINIGTEN KÖNIGREICHES IST DIE REGIERUNG.

Vom Ende der Napoleonischen Ära bis zum Ersten Weltkrieg betrieb das *United Kingdom of Great Britain and Ireland* mit dem **British Empire** das größte Welt- und Kolonialreich der Geschichte. 1922 erreichte das Imperium seine größte Ausdehnung und umfasste 458 Millionen Einwohner und 35 Millionen km² – ein Viertel der Weltbevölkerung sowie der Erdlandfläche! Aber das ist nun schon ein Jahrhundert her.

Das UK unserer Tage agiert als konstitutionelle Erbmonarchie mit einer dem Parlament verantwortlichen Kabinettsregierung. Der König oder die Königin ist das Staatsoberhaupt des Vereinigten Königreichs sowie von 15 weiteren Staaten im **Commonwealth of Nations** wie auch der **crown dependencies**, also der Kronbesitzungen.

Im Gegensatz zu fast allen anderen Staaten existiert im Vereinigten Königreich keine kodifizierte Verfassung. Das britische Verfassungsrecht besteht aus Gewohnheitsrecht, Gesetzen mit Verfassungsrang und dem **Common Law**, also dem allgemeinen Recht, das auf konkreten Fällen und Gerichtsentscheidungen beruht.

Seit dem *Parliament Act* von 1911 üben die politische Macht so gut wie ausschließlich das Unterhaus und der Premierminister oder die Premierministerin aus. Bei Licht betrachtet spielt die verfassungsrechtlich sehr beschränkte Erbmonarchie nur eine *Art Show*-Rolle im politischen System. Das Parlament besteht aus dem gewählten **House of Commons** (Unterhaus) und dem **House of Lords** (Oberhaus), dessen Mitglieder bislang mit wenigen Ausnahmen auf Lebenszeit ernannt wurden. Das Oberhaus hat gegen bestimmte Gesetzesvorhaben ein aufschiebendes Vetorecht. Als oberstes Gericht wirkt seit 2009 der **Supreme Court**. Die Regierung ist die Exekutive des Vereinigten Königreiches und damit auch von England.

ENGLAND IN GROSSBRITANNIEN

27

England hat keine eigene Regierung. Wegen schottischen Geizes?

BESTIMMT NICHT. DEN ENGLÄNDERN REICHT DIE REGELUNG, DASS DAS *PARLIAMENT OF THE UNITED KINGDOM OF GREAT BRITAIN AND NORTHERN IRELAND* SEINEN SITZ IN LONDON HAT UND VON IHNEN DOMINIERT WIRD.

Die Nationen England, Wales, Schottland und Nordirland wurden von der Regierung des Vereinigten Königreichs mit Sitz in Westminster lange absolut zentral verwaltet. Im späten 20. Jahrhundert kam es schließlich zu erheblichen Veränderungen in der politischen Landschaft, weil die Forderungen, einen Teil dieser Macht an Cardiff, Edinburgh und Belfast zu übertragen, nicht mehr zu ignorieren waren. Darüber hinaus forderte die mehr als 14 Millionen Menschen beherbergende Metropolregion **Greater London**, die fast ein Fünftel der Bevölkerung des Königreichs repräsentiert, die Einrichtung einer Stadtverordnetenversammlung.

Als **Devolution** (Dezentralisierung) wird in England die gesetzliche Verleihung eines größeren Maßes an Selbstverwaltung verstanden. Sie erfolgte 1998 an die nordirische und die Londoner Versammlung und ein Jahr später an das *Scottish Parliament* und an den **Senedd**, das walisische Parlament. Die *Devolution* unterscheidet sich vom deutschen Föderalismus durch das Verbleiben der der subnationalen Behörde übertragenen Befugnisse bei der Zentralregierung in Westminster. *De jure* fungiert also weiterhin ein Einheitsstaat. Zudem können die Gesetze, mit denen die dezentralen Parlamente und die Versammlungen geschaffen wurden, vom Unterhaus jederzeit wie jedes andere Gesetz aufgehoben oder geändert werden.

Seit dem Millennium arbeiten in Schottland, Wales und Nordirland eigene Regional-Parlamente mit inzwischen ziemlich eigenständigen Regierungen. Sie bestimmen grundsätzlich jeweils über öffentliche Ausgaben und innenpolitische Herausforderungen wie etwa die Kommunalverwaltung, Bildung, Gesundheitsdienste, Kultur und Tourismus. In England leistet das in der Metropolregion London die **Grea-**

ter London Authority. Sie besteht aus zwei politischen Instanzen: einer exekutiven Bürgermeisterperson und der 25-köpfigen Londoner Versammlung, die als Kontrollorgan dient. **Downing Street 10** ist sozusagen weiterhin vor allem für die Außenpolitik, Einwanderung, Staatsbürgerschaft, nationale Sicherheit, Verteidigung und Steuern zuständig (wobei Schottland die Einkommenssteuer selbst festlegen kann).

England als größtes und bevölkerungsreichstes Land des Vereinigten Königreichs ist nun schon deshalb *weird*, weil es anders als die drei kleineren keine eigenständige Landesregierung betreibt. Während es zwar jeweils ein Ministerium für Nordirland, Schottland und Wales gibt, sitzt für England kein **Secretary of State** in der Regierung. Offenbar reicht den Engländern die Regelung, dass das *Parliament of the United Kingdom of Great Britain and Northern Ireland* seinen Sitz in London hat. Denn da sie dort traditionell immer die Mehrheit der Abgeordneten stellen, fällt ihnen der Verzicht auf ein eigenständiges Parlament nicht schwer.

Rein englische Angelegenheiten werden folglich auch vom *UK Parliament* im **Palace of Westminster** behandelt, wobei sich dann allerdings nach Gewohnheitsrecht die Abgeordneten aus den drei anderen Ländern ihrer Stimme enthalten (sollen). England wird also in allen Angelegenheiten von denselben Institutionen wie das Vereinigte Königreich regiert, und das kommt offenbar niemandem spanisch vor. Und weil England keine eigene Regierung hat, hat es auch keine eigene offizielle Nationalhymne. Deshalb wird bei entsprechenden Anlässen *God Save the King* gespielt.

GOOD TO KNOW

Aus den Rosenkriegen der Jahre 1455 bis 1487 zwischen den Adelshäusern York und Lancaster ging das Haus Tudor als Sieger hervor und vereinte beide Häuser. Die Rose symbolisiert seitdem den Frieden und wird von der Rugby-Nationalmannschaft als Emblem verwendet.

Wie es scheint, hat die Dezentralisierung in den Bevölkerungen der vier Nationen jeweils eine zunehmend selbstbewusste Identität bewirkt, was für das Britentum irgendwie auf eine Schwächung hinausläuft. Zugleich ist länderauf und -ab die Gewohnheit der Leute geschwunden, sich als **Briten** zu bezeichnen oder gar zu identifizieren. Inzwischen nennen sich viele auf Befragen wie das *country*, in dem sie zuhause oder geboren sind: *I am English*…

ENGLAND IN GROSSBRITANNIEN

28

Und warum steht die Nation England nicht einmal auf dem Pass?

ENGLAND EXISTIERT IN DEM SOUVERÄNEN NATIONALITÄTENSTAAT UK. ALSO HABEN AUCH ENGLÄNDERINNEN UND ENGLÄNDER DIE *BRITISH NATIONALITY* UND FOLGLICH DEN BRITISH PASSPORT.

Bis zur 1707 erfolgten Gründung des Königreichs Großbritannien gestaltete sich die Beziehung der englischen Untertanen zum König feudal. Fortan wurde den Untertanen der vereinigten Kronen offiziell ein neuer Status zuteil: der eines **British Subject**. Die Engländer, Waliser und Schotten standen nun unter dem Schutz der Krone, und diese gewährte ihnen den Aufenthalt im Vereinigten Königreich.

Wer heutzutage auf den seit 2020 blauen und mit einem goldfarbenen Eindruck versehenen Pass einer in England geborenen und lebenden Person schaut, liest oben: BRITISH PASSPORT und blickt darunter auf das Regierungswappen, das in leicht abgewandelter und prunkvollerer Form auch das Wappen von König Charles III. beziehungsweise Symbol der königlichen Herrschaft ist. Es besteht seit der Thronbesteigung von Queen Victoria im Jahr 1837. Im Wappenschild sind diejenigen von England, Schottland und Irland, aber nicht von Wales (sic!) zu sehen, als Schildhalter dienen Löwe und Einhorn und der Wahlspruch lautet: *Dieu et mon droit*. Unter dem Königswappen prangt der Schriftzug: UNITED KINGDOM OF GREAT BRITAIN AND NORTHERN IRELAND.

GOOD TO KNOW

2018 pries Premierministerin Theresa May die Entscheidung für neugestaltete britische Reisepässe als »Ausdruck unserer Unabhängigkeit und Souveränität«. Als Folge des Brexit sind sie wieder so traditionell blau wie vor 1988, als in der EU das Burgunderrot für die Pässe der meisten Mitgliedstaaten üblich wurde. Wie unionseuropäisch das Innenministerium 2018 bei der Auswahl des Herstellers für die blauen britischen Pässe verfuhr, zeigte sich, als die Brexiteers im Parlament vehement gegen die Vergabe der Produktion an einen französischen Konzern protestierten. Der Chef des bei der Ausschreibung unterlegenen englischen Unternehmens bezeichnete die Entscheidung, »dieses Symbol der britischen Identität in Frankreich« herzustellen, als »enttäuschend und überraschend«.

Eine Nation wird von Menschen mit einer gemeinsamen Sprache, Geschichte, Kultur und zumeist geografischem Territorium gebildet. Sie kann ein Staat sein oder wie England in einem souveränen Nationalitätenstaat mit gemeinsamem Sprachraum wie dem *United Kingdom* existieren. Deshalb haben Engländerinnen und Engländer die *British nationality* beziehungsweise **British citizenship** (britische Staatsbürgerschaft). Folglich weisen sich zum Beispiel die Spielerinnen der englischen Fußballnationalmannschaft im Ausland mit dem *British Passport* aus. Dass die **Lionesses** Engländerinnen sind, erkennen Zuschauerinnen und Zuschauer am Trikot mit dem Drei-Löwen-Wappen.

Briten – umgangssprachlich kurz **Brits** – sind und bleiben auch die Leute der Isle of Man und Kanalinseln, der britischen Überseegebiete und der Kronkolonien. *Brits* bevölkern also auch das an der spanischen Südküste liegende Gibraltar, denn das ist ein selbstverwaltetes britisches Überseegebiet – allerdings kein souveräner Staat und deshalb seit dem Brexit auch kein EU-Mitglied mehr.

Wie mensch zur britischen Staatsbürgerschaft kommt, ist gesetzlich geregelt: durch Geburt (in England, Nordirland, Schottland oder Wales), durch Abstammung oder durch Einbürgerung. Das volle Abstammungsprinzip für im Ausland geborene Kinder – »natural born« – britischer Eltern wurde quasi logischerweise unter Georg II., dem König aus deutschem Hause, eingeführt.

Die britische Einbürgerungspraxis hat seit jeher diskriminierende Züge. So kann seit 2002 Eingebürgerten vom Innenministerium die Staatsbürgerschaft sogar wieder aberkannt werden, wenn dies dem **public good**, dem Volkswohl dient. Der *appeal*, sprich Widerspruch, hat keine aufschiebende Wirkung.

ENGLAND IN GROSSBRITANNIEN

29

Welche Grafschaften sind historisch und sich selbst nicht mehr mächtig?

ALS *HISTORIC* ODER *ANCIENT* GELTEN 39 GRAFSCHAFTEN BZW. *SHIRES*. SIE ENTSTANDEN ÜBERWIEGEND IM MITTELALTERLICHEN FEUDALISMUS UND WERDEN GLEICH NAMENTLICH AUFGEFÜHRT.

Es gibt **Counties,** bei denen idyllische Küstenstriche und Landschaften, historisch geprägte Orte und pittoresk wirkende Häuser einfach dazugehören. Für mich sind das insbesondere die Grafschaften Lincolnshire, Somerset, Dorset und Cornwall. 39 *Counties* werden als **historic** oder **ancient** bezeichnet. Diese auch **Shires** genannten Grafschaften entstanden im mittelalterlichen Feudalismus, einige sind sogar noch älter. Dem Alphabet nach: Bedfordshire, Berkshire, Buckinghamshire, Cambridgeshire, Cheshire, Cornwall, Cumberland, Derbyshire, Devon, Dorset, County Durham, Essex, Gloucestershire, Hampshire, Herefordshire, Hertfordshire, Huntingdonshire, Kent, Lancashire, Leicestershire, Lincolnshire, Middlesex, Norfolk, Northamptonshire, Northumberland, Nottinghamshire, Oxfordshire, Rutland, Shropshire, Somerset, Staffordshire, Suffolk, Surrey, Sussex, Warwickshire, Westmorland, Wiltshire, Worcestershire, Yorkshire.

Die 39 historischen Grafschaften Englands bestanden über Jahrhunderte hinweg als Verwaltungs- und Rechtsprechungsbezirke. Seit dem späten 19. Jahrhundert sind sie verwaltungstechnisch jedoch ohne Bedeutung. Sie dienen nurmehr den Engländern und Touristen als geografische Bezeichnung für eine bestimmte oder auch sehr beliebte Gegend. Nicht zu vergessen das *El Dorado* der oberen Mittelschicht, die sogenannten **Home Counties** rund um London – Berkshire, Buckinghamshire, Essex, Hertfordshire, Kent, Surrey und Sussex.

Die englische Verwaltungsgliederung ist seit mehr als 100 Jahren immer wieder reformiert worden. In diesem zweiten Jahrzehnt des 21. Jahrhunderts besteht England administrativ aus 21 *Non-Metropolitan Counties* sowie aus sechs **Metropolitan Counties**. Letztere bestehen aus den größeren Städten wie etwa Manchester und natürlich London. Die Metropole wird von der *Greater London Authority* verwaltet und umfasst 32 **London Boroughs** und die City of London, deren Sonderrechte im englischen Verfassungsrecht verankert sind.

ENGLAND IN GROSSBRITANNIEN

30

An welche Veränderungen erinnert der **Engel des Nordens?**

THE ANGEL OF THE NORTH SYMBOLISIERT DIE TIEFGREIFENDEN VERÄNDERUNGEN SEIT DER INDUSTRIALISIERUNG. NICHT ZULETZT IM LEBEN DER BEWOHNER NORDENGLANDS.

Einen unglaublich großen Einfluss auf die englische Gesellschaft und das Leben ihrer Individuen hatte die Industrialisierung. Die 1998 im Grünen vor der Stadt Gateshead von Antony Gormley geschaffene imposante rostbraune Stahlskulptur **Angel of the North** symbolisiert die damit verbundenen tiefgreifenden Veränderungen in der Region und im Leben der Bewohner Nordenglands. Gateshead liegt gegenüber von Newcastle upon Tyne und ist mit dieser unter anderem durch die imposante Gateshead Millennium Bridge verbunden.

Die Spuren der Industrialisierung prägen nach wie vor die Städte und Landschaften in Nordengland. Die inzwischen hippe Metropole Manchester führt ihr industrielles Erbe im beindruckenden **Museum of Science and Industry** vor. Auch die Ende des 20. Jahrhunderts noch sehr heruntergewirtschaftete Stadt Liverpool ist anprechend instand gesetzt worden. Das während der Industrialisierung für die wirtschaftliche Kraft der Region so wichtige Hafengelände steht unter dem Schutz der UNESCO. Als Geburtsstätte der Beatles hat sich Liverpool zudem in ein Mekka für Musikfans verwandelt.

Die nordöstlich von Birmingham am Ufer des River Derwent liegende Großstadt Derby wurde 926 von den Sachsen gegründet. Sie gehörte zu den Wegbereitern der Industrialisierung. 1717 ging die welterste Fabrik in Betrieb, eine Seidenspinnerei, in der alle Herstellungsverfahren vereint waren. Sie beherbergt inzwischen das **Derby Industrial Museum.** Der Norden Englands besticht ebenso mit alten Industriestädten wie mit der malerischen Landschaft und fünf Nationalparks – etwa The Peak District und natürlich den legendären **Lake District**. Nicht zu vergessen den zwischen Newcastle upon Tyne im Osten und dem Solway Firth im Westen angelegten gut 118 Kilometer langen **Hadrian's Wall** (UNESCO WELTKULTURERBE).

TYPISCH ENGLISCH

31

Wer entlarvt sich beim Besuch eines Pubs als anstößig?

ALSO NIEMAND, DER EIN *PINT PALE ALE* VERLANGT. ABER ALLE, DIE SICH VORDRÄNGELN, UM SCHNELLER EIN BIER ZU BEKOMMEN.

Die *Public houses* in England sind auf jeweils spezifische Art unverwechselbar – sei es aufgrund ihrer Geschichte, der Art ihrer Einrichtung, des in ihnen gepflegten Umgangstons, der ausgeschenkten Biersorten und Qualität der Speisen oder auch ihrer Lage. Ein Pub, in dem **guest ales** angeboten werden bzw. **on tap** sind, empfiehlt sich dadurch fast von selbst. Das Land ist reich an architektonisch reizvollen und eigentümlich atmosphärischen Gaststätten. Sie dienen als eine Art geschützter Wohnraum zwischen Privatem und Öffentlichem, denn es ist nicht üblich, einfach jemanden auf einen Drink nach Hause einzuladen. Immer mehr Pubs werden leider seit Jahren dicht gemacht und vernagelt – **another dead pub**. Oder sie fallen unter die Kontrolle profitorientierter Investoren und verkommen zu Massenabfertigungsbetrieben oder Schnellrestaurants mit Alkoholausschank.

Während die **publicans** (Gastwirte) vor der Alphabetisierung der Bevölkerung auf die bildliche Mitteilungskraft eines Schildes setzten, gingen sie im 19. Jahrhundert vermehrt dazu über, ihre Pubs mit zum Teil sehr phantasievollen Bezeichnungen aus sämtlichen denkbaren Lebensbereichen anzupreisen. Unzählige haben Namen, die eine Verbindung mit den Wappen oder auch Symbolen einstiger Volkshelden aufweisen. Besonders der Adel ist auf vielen **Pub signs** gegenwärtig: der Name *The Royal Oak* etwa erinnert an König Charles II., der sich während des Bürgerkrieges vor Cromwells Leuten in einer Eiche verbarg. Namen wie *The Goat and Compasses* spielen mit dem Puritanerspruch »God compasses you«.

Ein goldbraunes oder rötlich wirkendes **Real Ale**, das per Handpumpe vom Fass ins Glas – *pint* oder *halfpint* – befördert wird, gehört einfach zu einem guten englischen Pub. Ob sich eine Gaststätte nach dem Übertreten der Türschwelle aber auch als Hort der Tradition, als geeigneter Treffpunkt, als Garant flüssiger und fester leiblicher Genüsse und – *last but not least* – als **local**, als zweites Wohnzimmer erweist, ist alles andere als ausgemacht. Ein modisch verstandenes Systemgastronomie-Design, stetig flimmernde Großbildschirme und **Canned music** (Musikbeschallung aus der Konserve) haben für Liebhaber alkoholgeschwängerter Gespräche so ihre Schattenseiten.

Auf den Gang zum Pub freuen sich in England Leute aller sozialen Schichten und Berufsgruppen. Selbst der nadelstreifen-steifste Rechtsanwalt in London wird sich einem **pint** zur traditionellen *lunchtime* nicht verschließen, etwa in dem Pub **The Blackfriar** nahe der Fleet Street. Es residiert in einem viktorianischen Gebäude, das ein Kloster ersetzte und auf schelmische Respektlosigkeit setzt. Schon die Außenmauern sind übersät mit bronzenen Platten, von denen fette Mönche in die Runde schauen. Das wie ein Bügeleisen geformte Bierhaus lockt mit dem prächtigen Jugendstil-Dekor der Künstler Henry Poole und Frederick Callcott, deren Skulpturen, Mosaiken und Reliquien allesamt fröhliche Brüder darstellen. **Regulars**, sprich Stammgäste, die sich von ihrem zweiten Zuhause selbst nach dem Tod nicht lösen möchten, können in der Urne ein nettes Plätzchen auf dem Kaminsims einnehmen.

Meiner Erfahrung nach ist es nirgendwo leichter als im Pub, mit anderen Menschen ins Gespräch zu kommen. Von jeher wird es von der näheren Umgebung und dem gesellschaftlichen Umfeld und Wandel mitgeprägt. Schon mal einen schönen Zug durch die Gemeinde gemacht, einen **pub crawl**? Die früher übliche Sperrstunde gibt es nicht mehr, und der Ruf »Last orders, ladies and gentlemen!«, der früher die letzte Runde einläutete, erklingt nur noch ausnahmsweise. Übrigens verstößt ein Gast, der an der Theke drängelt, um schneller ein Bier zu bekommen, gegen die elementare Regel des sittlichen Schlangestehens.

GOOD TO KNOW

Ale ist ein aus traditionellen Zutaten gebrautes, obergäriges Bier, das ohne Verwendung von zusätzlichem Kohlendioxid gezapft wird. In englischen Pubs muss in aller Regel an der Theke bestellt und auch direkt bezahlt werden. Da die Insulaner bekanntlich überall diszipliniert Schlange stehen, besteht auch im Pub die Kunst darin, sich nicht vorzudrängeln geschweige denn mit Pfundnoten zu wedeln oder gar laut zu rufen, um die Aufmerksamkeit der Bedienung auf sich zu lenken. Das Thekenpersonal behält die Reihenfolge der eintreffenden Personen zumeist genau im Auge und lässt niemanden verdursten. Die Gabe eines Trinkgelds – das **tipping** – ist nicht üblich.

TYPISCH ENGLISCH

32

Welche Band brachte die Jugend in den **Swinging Sixties** zum Schreien?

DIE *FAB FOUR*, WENN NICHT ALLES TÄUSCHT. DAHER DER BEGRIFF DER *BEATLEMANIA*.

Klassisch musikhistorisch hat England nicht viel zu bieten, seit dem Aufkommen des **Mersey Beat** in Liverpool aber haben sich die Zeiten poppig geändert. Die neuartige Musik mit dem gitarrenlastigen Musikstil, dem schnellen 4/4-Takt und eingängigen Melodien erklang Ende der 1950er-Jahre von lokalen Rock-Bands zunächst in Gemeindesälen und kleinen Clubs. Zu jener Zeit begannen zwei Gruppen in Liverpool, ihren Rock 'n' Roll mit Stilelementen des *Mersey Beats* zu verschmelzen: die eine nannte sich zu Beginn der 1960er-Jahre **The Beatles**, die andere **Gerry and the Pacemakers.** Nachdem beide Bands, deren Talent den anderen entschieden überlegen war, 1961 vom Manager Brian Epstein unter Vertrag genommen worden waren, begann eine spannende Zeit. Während die Beatles 1963 mit ihrem Debütalbum *Please Please Me* in der britischen Albumhitparade lange den ersten Platz hielten und mit ihrer Single *I Want to Hold Your Hand* den weltweiten Durchbruch schafften, eroberten Gerry and the Pacemakers mit ihren ersten drei Singles *How Do You Do It* und *I Like It* und *You'll Never Walk Alone* jeweils den ersten Platz in den britischen Charts.

Anders als Berühmtheiten wie Elvis Presley, deren Lieder aus der Feder von Songschreibern kamen, schrieben und interpretierten John Lennon, Paul McCartney, George Harrison und Ringo Starr ihre eigenen Songs. Zudem veröffentlichten die **Fab Four** ihre Songs gezielt auf als künstlerische Einheit entwickelten Alben. Ihr im August 1963 nach dem Song *She Loves You* explodierender Bekanntheitsgrad gipfelte in einer ekstatisch außer Kontrolle geratenden Verehrung durch weibliche Fans. Bis zur Auflösung der Band im Jahre 1970 gerieten öffentliche Auftritte zu Massenveranstaltungen, erlebte die Welt die **Beatlemania**.

Hysterische Stimmung hat neben den Beatles zumal die 1962 gegründete englische Rockband **Rolling Stones** erzeugt. Sie gehört – Stand 2024 – zu den nach wie vor auftretenden und zugleich langlebigsten und kommerziell erfolgreichsten Gruppen der Rockgeschichte.

TYPISCH ENGLISCH

33

Warum macht bei Begegnungen der Ton die Höflichkeitsform aus?

IN ENGLAND VERMITTELT SICH DAS DUZEN ODER SIEZEN IM TONFALL. WENN ER LOCKER KLINGT, GILT IN DER REGEL DAS »DU«, WENN ER FÖRMLICHER AUSFÄLLT, DAS »SIE«.

Auch wenn Engländerinnen und Engländer bei der Anrede nur das **You** zu kennen scheinen, weil sie sich etwa am Arbeitsplatz gewöhnlich mit Vornamen anreden, heißt das noch lange nicht, dass vom Siezen keine Rede sein kann. Anders formuliert, all die Leute, die ich auf der Insel näher kennengelernt habe, beherrschen ein Spiel mit Nähe und Distanz, das sich so manche von uns in Deutschland nicht vorstellen können, weil hier im Alltag und in der Werbung das »Du« rasend dominanter wird. Vor allem aber wäre es abwegig, das englische »You« pauschal als »Du« zu übersetzen. Denn »You« ist im Englischen die zweite Person Plural, im Deutschen also »Ihr«, und das war früher die Höflichkeitsform der Anrede, während mit »Thou« das familiäre »Du« ausgedrückt wurde.

Als nun das altertümliche »Thou« verschwand, das auf eine engere Beziehung hinwies und heute fast nur noch in Shakespeare-Stücken erklingt, setzte sich in der anglophonen Welt das »You« als ausschließliche Anredeform durch. Im Prinzip führte das dazu, dass sich seitdem alle siezen – nicht zuletzt die Kinder unter sich. Da sich jedoch im Laufe der Zeit die Ausübung und Empfindung beim Gebrauch des »You« in beide Anredeformen differenzierte, vermittelt sich das Duzen oder Siezen im Tonfall. Wenn er locker klingt, gilt in der Regel das »Du«, wenn er förmlicher ausfällt, das »Sie«.

Wenn unsereins auf der Insel mit dem Vornamen angesprochen wird, schließt das mitnichten automatisch das »Du« ein. »Good evening, Peter, I hope you have had a comfortable ferry crossing,« beinhaltet das Siezen ebenso, wie wenn sich ein Gegenüber nicht mit dem Vor-, sondern Nachnamen vorstellt. Eine freundschaftlicher wirkende Atmosphäre bewirken in der Öffentlichkeit auch nicht ernst gemeinte zusätzliche Kosenamen wie **Love** oder **Sweetheart**, die Verkäuferinnen, Busfahrern und anderen Beschäftigten mehr salopp über die Lippen kommen. Unter arbeitenden Männern ist die Bezeichnung **Mate** üblich. Polizisten werden allerdings mit *Officer* angesprochen, Ärzte und andere Würdenträger als *Madam* oder *Sir*.

TYPISCH ENGLISCH

34

Wieso mündet **My home is my castle** in verrückten Wucherpreisen?

WEGEN DER IMMOBILIEN-LEITER. MENSCH KAUFT SICH ZUNÄCHST EINE KLEINE WOHNUNG, RENOVIERT UND VERKAUFT SIE MIT GEWINN WEITER UND KAUFT EINE GRÖSSERE, RENOVIERT SIE USW. USW.

Die englischen Wohngebiete bestehen überwiegend aus Reihen von kleinen Häusern, jedes mit seinem eigenen kleinen Stück Grün. Mit Ausnahme von London sind die großen englischen Städte jenseits der obligatorischen Fußgängerzonen aus meiner Sicht recht langweilige Ansammlungen von wenig anheimelnden Reihenhäusern. In wohlhabenderen Gegenden sind die Häuser und deren Gartenflächen erwartungsgemäß größer. Offenbar wollen die Leute möglichst in ihrem eigenen **castle** mit wenigstens ein bisschen Grün leben.

Das Haus einer Engländerin oder eines Engländers ist zunächst einmal ihr oder sein Schloss, und damit zugleich die Verkörperung der Privatsphäre und der Identität. Das eigene Haus ist ein wichtiger Statusindikator und wird quasi laufend – und nicht nur für Zinszahlungen – »erarbeitet«. Die englische Manie für *home improvements* und **DIY** (*Do it yourself*) sorgt dafür, dass ein Großteil der Bevölkerung stetig mit Heimwerken beschäftigt ist.

Hausbesitz ist eine nationale Obsession, denn anders als die Bewohner in den deutschen Landen erstrebte man jenseits des Ärmelkanals den Besitz von vier Wänden. Während in der Bundesrepublik die Wohneigentumsquote bei 47 Prozent liegt, hat sie in England die Marke von 65 Prozent überschritten. Junge Engländerinnen und Engländer vor allem aus der **middleclass** wissen beziehungsweise lernen frühzeitig, dass es im Leben darum geht, den Besitz von Wohneigentum zu erstreben. Patentanten und -onkel schenken bei einschlägigen Anlässen ihren Schützlingen deshalb sicherheitshalber ein Konto bei einer *building society*, sprich Bausparkasse.

Der Weg zum Eigenheim führt, wenn vermögende Eltern oder die Hypothekenbanken mitspielen, über die viel beschworene **property ladder**. Diese Immobilien-Leiter funktioniert im Prinzip so: Mensch kauft sich in jungen Jahren eine kleine Wohnung, verkauft sie mit Gewinn weiter und kauft eine größere. Am Ende dieser Leiter winkt dann das Cottage auf dem Land oder das Reihenhaus in einem besseren Stadtteil.

Da in vielen Regionen die Immobilienpreise trotz gelegentlicher Crash-Momente in der Regel immer weiter steigen, funktioniert die *property ladder* ausgezeichnet. Allerdings tut sie das für die finanziell schlechter gestellten Briten überhaupt nicht mehr und selbst Normalverdienende können sich aufgrund der hohen Immobilienpreise vor allem im jobreichen Süden kein Wohneigentum mehr leisten.

Bis zu Beginn der 1980er-Jahre gab es die dem deutschen sozialen Wohnungsbau entsprechenden **council houses**. Sie gehörten dem Staat, bis sie durch die Thatcher-Regierung in Privateigentum überführt wurden. Damals konnten die Mieter die Wohnung zu einem erheblich ermäßigten Marktpreis kaufen und taten das auch. Inzwischen sind mehr als 1,5 Millionen ehemalige Sozialwohnungen in private Hände gekommen. Sehr zur Freude der neuen Eigentümer, aber nicht der Menschen, die verzweifelt nach einer bezahlbaren Bleibe suchen. Denn die gibt es kaum mehr, weil der Staat sich aus dem sozialen Wohnungsbau fast komplett zurückgezogen hat.

Die einst von Margaret Thatcher beschworene »Demokratie von Eigenheimbesitzern« hat eine irrsinnig unsoziale Schattenseite. Viele Briten im Kreis der 35 Prozent, die kein Wohneigentum besitzen, haben Mühe, Behausungen zu finden und dann die zumeist hohen Mieten fristgerecht zu zahlen. Auf die Straße gesetzt werden können sie schnell, da es den in Deutschland üblichen Mieterschutz nach wie vor nicht gibt.

Schon aufgrund des wachsenden Niedriglohnsektors und der heftigen Preissteigerungen steigt der Bedarf an erschwinglichem Wohnraum stetig, werden die Wartelisten immer länger. Junge, aber auch alte Menschen sowie Studierende haben zunehmend keine dauerhafte Bleibe. Viele sehen sich deswegen zum **Couchsurfing** bei Freundinnen, Freunden oder Bekannten gezwungen. Wahnsinnig hohe Mieten treiben immer mehr Menschen in die Obdachlosigkeit. Um 2024 waren fast 300.000 Haushalte obdachlos oder von Obdachlosigkeit bedroht, darunter mehr als 100.000 Familien mit Kindern. Für sie gibt es nichts zu Lachen und kein Home, Sweet home.

TYPISCH ENGLISCH

35

Unser England ist ein Garten, heißt es. Hat es einen Vogel?

PIEP MACHT ES BEIM NATIONALSPORT *GARDEN VISITING* SICHERLICH MAL. ALLEIN DIE KÖNIGLICHE GARTENBAU-GESELLSCHAFT HAT MEHR ALS EINE HALBE MILLION MITGLIEDER.

England gilt als Nation von Hundeliebhabern (*no comment*) und Gartenfreunden. »Our England is a garden«, befand Rudyard Kipling (1865–1936), dessen *Dschungelbuch* 1907 mit dem Literaturnobelpreis ausgezeichnet wurde. Kaum zufällig investierte er das Preisgeld in seinen Garten. Sein Alterswohnsitz **Bateman's** gehört seit 1939 dem *National Trust* und ist – samt Garten – öffentlich zugänglich.

Seitdem ab den Zeiten des Britischen Weltreichs seltene Pflanzen und Samen in englischen Gärten und Gewächshäusern kultiviert wurden, faszinieren sie die Interessierten, zumal in den Gärten und Shows der 1804 gegründeten *Royal Horticultural Society* (**RHS**). Die Königliche Gartenbaugesellschaft verfolgt das Ziel, das Leben der Menschen und das Land durch Pflanzen zu bereichern. Sie hat mehr als eine halbe Million Mitglieder und veranstaltet die legendäre *Chelsea Flower Show*.

Garden Visiting ist längst mehr als nur ein Freizeithobby, nämlich ein ausgesprochen ernst zu nehmender Nationalsport, spätestens seit der Entstehung des *National Garden Scheme*. Diese Wohltätigkeitsorganisation unterstützt Gesundheits- und Pflegeeinrichtungen dadurch, dass sie an *Open Days* Zugang zu rund 3.700 sonst streng privaten englischen Gärten im Vereinigten Königreich gewährt. Das jährlich – auch digital – erscheinende *Yellow Book* ist so etwas wie die Bibel eines jeden Gartenenthusiasten. Zu den sehenswerten Gärten in England gehören: *Sissinghurst Castle and Gardens* in Kent, *Great Dixter* in East Sussex, das *Eden Project* in Cornwall (das Regenwaldbiom beherbergt den größten Regenwald, der in einem Gewächshaus angelegt wurde), *The Lost Gardens of Heligan* in Cornwall und *Chatsworth Garden and House* in Derbyshire.

TYPISCH ENGLISCH

36

Welches **Castle** hat wegen einer erfolgreichen englischen TV-Serie keinen Dachschaden?

DAS HIGHCLERE CASTLE IN HAMPSHIRE. ES PROFITIERTE VON DER HISTORIENSERIE *DOWNTON ABBEY*.

Nahe der 54 Meilen von London entfernten Stadt **Newbury** gibt es ein ab 1839 im Neo-Renaissance-Stil errichtetes Schloss, wo ein gewisser Chauffeur Tom Branson (Allen Leech) bei Dreharbeiten den Dienstboteneingang nutzen musste, bevor er 1919 mit Lady Sybil (Jessica Brown-Findlay) die jüngste Tochter von Cora (Elizabeth McGovern) und Robert Crawley, Earl of Grantham (Hugh Bonneville), ehelichen konnte.

In der zu Beginn des 20. Jahrhunderts spielenden Historienserie **Downton Abbey** – einer von vielen exzellenten englischen TV-Serien – beschäftigen die Familie Crawley und ihre Hausangestellten sechs Staffeln lang die Zuschauenden unablässig mit Intrigen, Schicksalsschlägen und vielfältigen alltäglichen Problemen, einen Welt- und den irischen Unabhängigkeitskrieg inbegriffen. Zwar liegt das fiktive Herrenhaus Downton Abbey den Drehbüchern von Julian Fellowes zufolge in der Grafschaft Yorkshire, die Dreharbeiten der Fernseh- und Filmszenen erfolgten aber in anderen Grafschaften.

Zur Darstellung von Downton Abbey diente **Highclere Castle** in Hampshire. Die Dreharbeiten der Außenszenen erfolgten in **Bampton**, einem Dorf in Oxfordshire. Besitzer des *Highclere Castle* ist George Herbert, der 8. Earl of Carnarvon. Seine Frau, Countess Fiona Carnarvon, schreibt Bücher, zum Beispiel: *Lady Amina und das wahre Downton Abbey – das Vermächtnis von Highclere Castle.* Das denkmalgeschützte und gepflegte große Schloss hat durch die Dreharbeiten einiges Geld in die Kasse bekommen, Klagen über einen Dachschaden sind mir jedenfalls nicht bekannt. Zudem ist es für Publikum zugänglich, wie ein Blick ins Internet erhellt. Für Fans der Serie gibt es eine (nicht billige) Tour zu den Filmkulissen und den herrschaftlichen Zimmern.

TYPISCH ENGLISCH

37

Ist **Englishness** supercalifragi-listicexpiali-docious?

WER WEISS. ZWAR GIBT ES DAS UNVERMEIDLICHE *FAIR PLAY*, ABER EBEN AUCH DEN BREXIT.

Muss ich das Adjektiv **supercalifragilisticexpialidocious** übersetzen? Es ist gleichbedeutend mit »extrem gut«. Die Frage, warum die Engländer so sind, wie sie sind – was **Englishness**, also das Englischsein, wirklich ausmacht, habe ich bei Freunden und Familie in Berkshire, Sussex und London immer mal wieder in den Raum gestellt. Es handelt sich immerhin um die einflussreichste nationale Identität innerhalb des Vereinigten Königreichs. (Auf *Scottishness*, *Irishness*, *Welshness* und neuerdings *Cornishness* gehen andere ein.) Übrigens glaubt niemand der mir bekannten Engländerinnen und Engländer, dass es *Englishness* nicht mehr gibt. Und das trotz zahlreicher Bücher und Podcasts, die genau das behaupten. Nachdem ich mehrere Jahrzehnte lang die vielfältigen Aspekte der englischen Kultur und des sozialen Verhaltens wahrgenommen und erlebt habe – auf Fährschiffen und der Straße, in Zügen, Büros, Geschäften, Restaurants, Theatern, Kinos, Teehäusern, Clubs, Privathäusern und allemal Pubs – bin ich von der Existenz der *Englishness* pennyfest überzeugt.

Die Leute in England leben auf dem Teilgebiet einer relativ kleinen, ziemlich überfüllten und von Flüchtlingen bevorzugt angesteuerten Insel. Wie mir scheint, fördert dieser Umstand ihr auf Privatsphäre bedachtes, zurückhaltendes Verhalten. Täusche ich mich in der Annahme, die englische Kultur bestände aus ausgeprägtem Klassenbewusstsein, also aus der stetigen Beschäftigung mit Status, Rang, Aus- und Abgrenzungen? Wenn nicht alles täuscht, gehört zum Englischsein gleichsam Unbeholfenheit, Verlegenheit, Schüchternheit und Intimitätsangst. Jedenfalls gibt es einen Mangel an Leichtigkeit und eine relative Unfähigkeit, unkompliziert mit anderen Personen umzugehen.

Englishness besteht für mich darin, sich in gesellschaftlichen Situationen recht unwohl zu fühlen. Eben deshalb verhalten sich Engländerinnen und Engländer – gleich welcher ethnischen oder biologischen Herkunft – entweder überhöflich, unbeholfen zurückhaltend und zugeknöpft oder rüpelhaft, grob, gewalttätig und laut. Die vielbeschworene englische Zurückhaltung ist sozusagen gepaart mit dem gefürchteten **hooliganism**.

Es gibt Wissenschaftler, für die *Englishness* durch eine besondere Beziehung zum Fußball, vor allem aber den Nationalsport Cricket verkörpert wird. Sie argumentieren, die Eigenschaften des Schlagballspiels entsprächen den Merkmalen Pragmatismus, Integrität und Unabhängigkeit der englischen Gesellschaft und betonen die große Rolle des **Fair Play**. Kaum zufällig gehören zu den Schlüsselsätzen im Lande: »Fair enough«, »In all fairness ...«; »... given a fair chance«; »Come on, it's only fair«; »Firm but fair« usw.

GOOD TO KNOW

1931 veröffentlichte G. Johannes Petrus Renier (1892-1962) ein charmantes Buch mit dem Titel: **The English: Are They Human?** Renier war Professor für niederländische Geschichte am University College London. Er betont: »I shall be exclusively concerned with the English, the unintellectual, restricted, stubborn, steady, pragmatic, silent and reliable English.« Übrigens kommt der gebürtige Niederländer zu der endgültigen Schlussfolgerung, »dass die Engländer in Wirklichkeit überhaupt nicht menschlich sind« bzw. dass die Welt von zwei Arten bewohnt wird: »der Menschheit und den Engländern«.

Nicht zu vergessen den **Humor**, der so etwas wie eine Konstante darstellt. Jedenfalls beinhalten fast alle englischen Gespräche zumindest ein bißchen Ironie, Sarkasmus, Satire, Neckerei, Scherz, Witz oder Spott. Zur *Englishness* gehört der Humor als reflexartige Reaktion fest dazu, etwa wenn die Leute sich in einer Situation unbehaglich fühlen.

Ein nicht minder fester Bestandteil der *Englishness* ist die **politeness**, sind die weithin bewunderten Höflichkeitsformen. Die vielfachen Entschuldigungen, Bitten und Danksagungen scheinen mir allerdings eher eine Frage der Form und des Einhaltens einiger Regeln zu sein als des Ausdrucks echter Gefühle oder Sorge. Sie kommen nicht wirklich von

Herzen. Kurz, die englische Höflichkeit beinhaltet in der Regel ein bestimmtes Maß an Künstlichkeit und manchmal Heuchelei. Wie sagte nicht neulich jemand zu mir auf dem Bahnsteig: »Excuse me, I'm terribly sorry but you seem to be standing on my foot.«

Nun zu der Frage, ob *Englishness* supercalifragilisticexpialidocious ist. Schon aufgrund des mit der Brexit-Entscheidung deutlich gewordenen englischen Widerstands gegen die Vorstellung, ein Teil Europas zu sein und zu bleiben, lasse ich sie irritiert offen.

TYPISCH ENGLISCH

38

Hat London einen kleinen Mann im Ohr?

SO SCHEINT ES. DER UMGANGSSPRACHLICHE *KLEINE MANN IM OHR* BEDEUTET JA: ETWAS IST NICHT GANZ NORMAL.

London ist so multikulturell wie keine andere Metropole Europas. Die Themse spiegelt die **Tower Bridge** und fließt durch den wohl vielsprachigsten Ort der Welt – mehr als 300 Sprachen sind in der Metropole im Gebrauch. Der sprechende Bär **Paddington** des englischen Autors Michael Bond (1926–2017), der aus Peru nach London gekommen ist, kommentiert das so: »Mrs Brown says that in London everyone is different, and that means anyone can fit in.«

London ist eine kräftig pulsierende, im steten Wandel befindliche, schön-hässliche Megacity. Vergangene viktorianische Macht ist an zahlreichen Monumentalbauwerken abzulesen, zum Beispiel am 1852 eröffneten Hauptteil des Gebäudes von King's Cross. In dem von um die 30 Millionen Pendlern im Jahr genutzten Bahnhof kommen auch die Anhänger des Zauberlehrlings Harry Potter auf ihre Kosten, denn neben Gleis 9 hängt das Schild **Platform 9¾**, und ein in die Wand eingelassener Gepäckwagen vermittelt den Eindruck, man habe die Wand schon fast durchquert. Gegenwärtige Macht reicher Investoren aus aller Welt spiegelt sich in Hochhäusern mit sehr spezieller Formgebung wie **The Gherkin** (Gurke), **Walkie-Talkie** (Sprechfunkgerät), **The Cheesegrater** (Käsereibe) oder der Wolkenkratzer **The Shard** (Scherbe).

Der heutige Großraum London besteht aus vielen ehemals selbstständigen Dörfern und Kleinstädten. Was nun an Englands Hauptstadt wahrlich besonders ist, hat kein Geringerer als Heinrich Heine trefflich in Worte gefasst: »Ich habe das Merkwürdigste gesehen, was die Welt dem staunenden Geiste zeigen kann, ich habe es gesehen und staune noch immer – noch immer starrt in meinem Gedächtnisse dieser steinerne Wald von Häusern und dazwischen der drängende Strom lebendiger Menschengesichter mit all ihren bunten Leidenschaften, mit all ihrer grauenhaften Hast der Liebe, des Hungers und des Hasses …«

TYPISCH ENGLISCH

39

Welcher Film machte einen Teil Londons **shocking expensive?**

DER GRANDIOSE KASSENSCHLAGER *NOTTING HILL* VON 1999. DIE MIETEN UND IMMOBILIENPREISE STIEGEN IN DEM GLEICHNAMIGEN VIERTEL DANACH EXTREM.

1951 gab es in London einen **Rotting Hill** gerufenen Slum, in den mehr als 7.000 Menschen aus den »West Indies«, aus Trinidad und Tobago, aus Barbados und Jamaika einwanderten. Die Schwarzen aus der Karibik, die sich in den frühen 1950er-Jahren rings um die **Portobello Road** ansiedelten, erhielten zwar Jobs, stießen aber auf keine Gegenliebe. Schilder an Häusern, in denen vermietet wurde, trugen nicht selten die Aufschrift: »No Irish, No Blacks, No Dogs«. Prompt nutzten sogenannte **Slumlords** die Not der Einwandernden schamlos aus. Vielen Familien blieb nichts anderes übrig als das Hausen in heftig überteuerten Zimmern. An gewalttätigen Ausschreitungen mangelte es nicht, als zunehmend die sogenannten (weißen) **Teddy-Gangs** das Viertel ansteuerten.

Da viele Immigranten aus der Karibik gleichsam auch ihre Musik und Kultur mit im Gepäck hatten, veränderten sie mit der Zeit die Atmosphäre des Viertels. Mitte der 1960er-Jahre hoben sie den inzwischen berühmten **Notting Hill Carnival** aus der Taufe. Wer erleben will, wie die englischen Afro-Carribeans jedes Jahr am letzten Wochenende des August Karneval, also sich und ihre karibischen Wurzeln mit Steel Bands und phantastischen Kostümen feiern, sollte sich auf großes Gedränge einstellen.

Ab dem Jahr 1999 leitete ein Kinofilm den erneuten Wandel des Viertels ein: der grandiose Kassenschlager **Notting Hill**. Da die Liebeskomödie um Hollywood-Star Anna Scott (Julia Roberts) und dem Buchhändler William Thacker (Hugh Grant) größtenteils auch im Stadtteil verfilmt worden war, freuten sich die Immobilienmakler über die kostenlose Werbung für eine nun romantisch verklärte Wohngegend. Die Mieten und Immobilienpreise stiegen fortan extrem …

TYPISCH ENGLISCH

40

Geht es in der **City of London** nicht irrsinnig finanzkriselnd zu?

AN SCHWARZEN FREITAGEN SCHON. ANSONSTEN FUNGIERT DIE *CITY* ALS EINES DER BOOMENDEN ZENTREN DER GLOBAL AGIERENDEN FINANZELITE.

Die Geburtsstätte und der eigentliche Stadtkern der englischen Hauptstadt ist die sogenannte City of London. Deren Umrisse gehen auf die Anlage der römischen Handels- und Hafenstadt **Londinium** zurück. Im Jahr 886 erhielt die City das Recht auf Selbstverwaltung, ein Lokalparlament im 12. Jahrhundert.

Das heutige Greater London ist aus zwei Städten entstanden: Der City of London, kurz **the City**, und der City of Westminster, wo sich das Parlament, Regierungsgebäude und der Buckingham Palace befinden. Während Westminster, das 1540 das Stadtrecht erhalten hatte, dieses 1963 weitestgehend verlor, blieb die City of London eigenständig. Eben deshalb hat der Mayor, der Bürgermeister von Greater London, in der City of London nichts zu melden, obwohl der Bezirk mit 2,6 km^2 im Vergleich winzig und von Greater London nachgerade eingeschnürt ist. Im Übrigen hat die City einen Lord Mayor, was ihren Sonderstatus unterstreicht. Er residiert im Manson House, wo er stilvoll Staatsoberhäupter, Regierungschefs und die Vorstandsvorsitzenden von Banken und Konzernen aus aller Welt empfängt. Auch auf Reisen wird er stets die Ziele »Liberalisierung« und »offene globale Finanzmärkte« propagieren.

Das **Square Mile** gerufene Gebiet genießt einen exterritorialen Status. Denn es gehört weder zum Vereinigten Königreich noch zu Greater London, weshalb selbst König Charles III. sich wie bei anderen Staatsbesuchen anmelden muss. Britische Gesetze und Polizei greifen in der City nicht, denn deren »Regierung«, die City of London Corporation, überwacht sich selbst. Nur etwa 8.500 Menschen leben hier am Nordufer der Themse zwischen Covent Garden und Whitechapel. Doch jeden Morgen strömen hunderttausende Beschäftigte der Finanzindustrie in die Büros.

Gemeinsam mit dem ehemaligen Hafenviertel **Canary Wharf** (gut 2,5 Meilen östlich) und dem noblen Viertel **Mayfair** weiter im Westen, wo viele Investoren ihre Adresse haben, bildet die City ein Finanzzentrum, das sich als »Puls der Weltfinanzmärkte« versteht und so agiert. Dem prosperierenden Handel mit Wertpapieren, Devisen und Derivaten hat auch der Brexit nichts anhaben können. Im *Global Financial Centres Index* von 2022 belegt die City of London nach New York den zweiten Platz. Die mehr als 610.000 Banker, Broker, Versicherungsfachleute und anderen Kräfte, deren Gehälter und Boni eine hohe Nachfrage nach Dienstleistungen, Immobilien und Gütern des täglichen Bedarfs im Londoner Großraum nach sich ziehen, möchte die herrschende Politik nicht missen.

Die Geschäfte der City liegen für die britische Regierung außer Reichweite. Sie pflegt eine geheime Jurisdiktion, welche nicht zuletzt das Netzwerk all der Steueroasen kontrolliert, das in den Kolonien und Überseegebieten der britischen Krone existiert. Weil – bislang – kein außenstehendes Gericht und keine Regierung die Geschäfte der City kontrollieren kann, strömt nicht zuletzt das Fluchtkapital in die *Square Mile*, wo es gleichsam im Handumdrehen »legalisiert« und in die Dienste der Herrschaft des Finanzkapitals genommen wird. Im Übrigen trägt die City laufend dazu bei, die zwar als legal gewerteten, aber extrem steuervermeidenden Gewinnverschiebungen der **Global Player** zu erleichtern.

GOOD TO KNOW

Die **Square Mile** dient auch als Schaltzentrale der Offshore-Plätze – der Finanz- und Steuerparadiese mit angeschlossenen Anwaltskanzleien, Fondsmanagern etc. Dazu gehören nicht zuletzt die im Besitz der englischen Krone befindlichen Kanalinseln Jersey und Guernsey, die Isle of Man, Gibraltar, die Bermudas und Bahamas, die Turks-, Caicos- und Caymaninseln, die Virgin Islands und andere mehr. Gegenwärtig ist die City das Zentrum eben jener global agierenden Finanzelite, deren juristisch-ökonomischer Parallelwelt die Politik endlich wirksame Grenzen setzen muss.

TYPISCH ENGLISCH

41

Ist die Last Night of the Proms reiner Wahnsinn?

WAS FÜR EINE FRAGE… DIE LONDONER *PROMENADE CONCERTS*, DIE *PROMS*, SIND EINE TRADITIONELLE SOMMERKONZERTREIHE UND DAS WELTGRÖSSTE FESTIVAL KLASSISCHER MUSIK.

Alljährlich finden zwischen Juli und September mehr als 70 Konzerte statt, hauptsächlich in der **Royal Albert Hall** in Kensington.

Das erste Proms-Konzert fand am 10. August 1895 statt. Die Konzertreihe sollte von Beginn an Menschen ansprechen, die sich normalerweise nicht für klassische Musik interessieren. Günstige Kartenpreise und eine zwanglose Atmosphäre inbegriffen, sprich Essen, Trinken und Rauchen waren erlaubt. Inzwischen sind Picknicks zwar noch gestattet, nicht aber das Rauchen. Nach wie vor gibt es bei Konzerten in der Royal Albert Hall sehr preiswerte Stehplätze. Die Leute, die diese Plätze direkt vor der Bühne in der Arena oder auf der Galerie besetzen, sind typische **Prommers** (Spaziergänger). Viele von ihnen besuchen die Aufführungen seit mehreren Jahrzehnten.

Die von der BBC gefilmte **Last Night of the Proms** geht in der Royal Albert Hall in einer teils karnevalistisch anmutenden Atmosphäre über die Bühne. Denn nach der populären klassischen Musik ertönen patriotisch verstandene Werke. Darunter Hubert Parrys mit dem Titel *Jerusalem* versehene Vertonung eines Gedichts von William Blake, Edward Elgars Pomp and Circumstance March Nr. 1: *Land of Hope and Glory* und natürlich Thomas Arnes *Rule, Britannia!* Traditionsgemäß singt das Publikum mit und manche schwingen wie verrückt Union-Jack- oder auch dauerschockiert EU-Fähnchen. Die *Last Night* endete viele Jahrzehnte lang mit dem Singen der Nationalhymne *God Save the Queen*, inzwischen mit *God Save the King*. Der Mitsing-Klassiker *Auld Lang Syne* ertönt dann auch noch.

Aufgrund der Covid-19-Pandemie wurde das Abschlusskonzert 2020 gezwungenermaßen ohne Publikum gespielt und 2022 ganz abgesagt, weil Queen Elizabeth II. am 8. September verstorben war. Seit 2023 ist die *Last Night* wieder der reine Wahnsinn für Leute, die überhaupt Karten bekommen.

TYPISCH ENGLISCH

42

Und wie wird besonders zur Weihnachtszeit ein geiziger Mensch genannt?

***SCROOGE!* NACH DER FIGUR EBENEZER SCROOGE IN DICKENS` WEIHNACHTSGESCHICHTE *A CHRISTMAS CAROL IN PROSE*.**

1844 vermerkte Friedrich Engels in einem Artikel, die Deutschen begännen zu entdecken, »daß sich im Stil der Romanschriftstellerei während der letzten zehn Jahre eine vollkommene Umwälzung vollzogen hat; daß an die Stelle von Königen und Fürsten, die früher die Helden solcher Erzählungen waren, jetzt die Armen getreten sind, die verachtete Klasse, deren gute und böse Schicksale, Freuden und Leiden zum Thema der Romanhandlung gemacht werden; sie kommen endlich dahinter, daß diese neue Klasse von Romanschriftstellern, wie zum Beispiel G. Sand, E. Sue und Boz, wirklich ein Zeichen der Zeit ist.« Mit **Boz** pries Engels einen der größten englischen Sozialkritiker und Schriftsteller des 19. Jahrhunderts: Charles Dickens (1812–1870). Dessen Geschichten und Romane erschienen bis 1844 unter dem Pseudonym Boz: *Sketches by Boz* (dt. Londoner Skizzen), *The Pickwick Papers* (dt. Die Pickwickier), *Oliver Twist* und *Martin Chuzzlewit.* Engels wusste nur zu genau, was der englische Weltliterat zu bieten hatte: spannend und humorvoll geschilderte Verhältnisse der armen Leute, der Kinderarbeit und generell des Pauperismus und der Bigotterie des Viktorianismus. Etwa in Dickens' Weihnachtsgeschichte *A Christmas Carol in Prose*, die erstmals am 19. Dezember 1843 publiziert wurde. Zur Erinnerung:

Ebenezer **Scrooge** schlägt die Einladung seines Neffen zum Weihnachtsessen aus, beschimpft seinen treuen Mitarbeiter Bob Cratchit, ein fauler Hund zu sein, und weigert sich, den Armen an den Feiertagen Geld zu spenden. In der Nacht erscheint prompt der Geist von Jacob Marley, Scrooges ehemaligem Geschäftspartner. Er rät dem alten Geizhals, schleunigst sein Leben zu ändern. Hinzu gesellen sich drei weitere Geister, die diesen Wandel gezielt befördern.

Der erste Geist führt Scrooge zurück zu Weihnachtsfesten seiner Kindheit, auch zu jenem, an dem Ebenezer seine große Liebe kennenlernte und schließlich zu jenem, an dem er diese große Liebe des

Geldscheffelns wegen verlässt. Der zweite Geist bringt Scrooge zu seinem verarmten Sekretär Bob Cratchit und dessen Familie. Obwohl er fast nichts besitzt, feiert er mit seiner Familie besinnlich Weihnachten, spricht zumal einen Trinkspruch auf Ebenezer aus. Sein jüngster Sohn Tim, der nur auf Krücken laufen kann und sehr abgemagert ist, weckt Scrooges Mitgefühl. Der dritte – stumme – Geist bringt den bereits erschöpften Alten zu einer Weihnacht der Zukunft, auf der die Rede von einem alten Geizhals ist, der vor kurzem verstorben sei und dem niemand nachtrauere. Als Scrooge am Weihnachtstag wieder aufwacht, kauft er umgehend einen großen Truthahn für Bob Cratchit und seine Lieben und nimmt die Einladung seines Neffen zum Weihnachtsessen an. Zudem spendet er eine großzügige Summe für die Armen und erleichtert dem kleinen Tim das Leben.

Dickens' Weihnachtsgeschichte enthält unüberhörbare sozialkritische Töne. Nicht zufällig wurde die Figur Ebenezer Scrooge unsterblich – ein unsozial geiziger Mensch wird im angelsächsischen Raum seitdem als *scrooge* bezeichnet. Und was würde der 1870 verstorbene und in der **Poets' Corner** im Querschiff von Westminster Abbey begrabene Schriftsteller über die Vorgänge in seiner seit 2016 vom Brexitentscheid gebeutelten Heimat schreiben, in der gegenwärtig bereits um die 12 Millionen Menschen in Armut leben – mehr als eine Person von fünf – und darunter vier Millionen Kinder und zwei Millionen Rentnerinnen und Rentner? Ich glaube, zweifellos Texte, die die soziale Ungerechtigkeit in den Mittelpunkt rücken.

ENGLISCHE DRAMATIK

43

Hat Charles III. mehr Tassen im Schrank als Charles I. und II.?

WER WEISS. WAHRSCHEINLICH WÜSSTE SEINE GEMAHLIN QUEEN CAMILLA DAZU EINIGES ZU SAGEN.

Charles III. kam am 14. November 1948 als Charles Philip Arthur George im Buckingham Palace in London zur Welt und trägt den Familiennamen Mountbatten-Windsor. Seit dem 8. September 2022 ist der langjährige Prince of Wales nun der 62. Monarch namens King **Charles III**. Die gemeinsame Krönung mit seiner Ehefrau Camilla erfolgte am 6. Mai 2023 in der Westminster Abbey.

Der König ist zugleich Staatsoberhaupt in 14 weiteren souveränen Staaten, darunter Australien, Neuseeland und Kanada. In diesen sogenannten *Commonwealth Realms* hat Charles III. zwar unter anderem die Autorität, Gesetze abzusegnen. Im Zweifel aber rührt er gewiss keinen Finger. Darüber hinaus dient der König als Oberhaupt des 56 Staaten umfassenden **Commonwealth of Nations** und als Lehnsherr der britischen Kronbesitzungen. Warum er neben seiner Rolle als weltliches Oberhaupt der anglikanischen Staatskirche zugleich als Oberbefehlshaber der britischen Streitkräfte auf dem Papier steht, weiß der liebe Gott. Fest steht, dass er zum Autofahren keinen Führerschein benötigt und juristisch volle Immunität genießt.

Charles III. lässt seit der Krönung erkennen, dass es ihm zunehmend gelingt, die »Untertanen« von seinen politischen und monarchistischen Qualitäten zu überzeugen, etwa durch seine Unterstützung einer Kampagne gegen Nahrungsmittelverschwendung. Bei seinem Staatsbesuch in Deutschland beeindruckte er 2023 mit gutem Deutsch. Während der Monarch zu seinem Sohn und Thronfolger William ein enges Verhältnis pflegt, dürfte sein Verhältnis zum Zweitgeborenen Harry problematisch bleiben. Der Herzog von Sussex hat ihn im Fernsehen sowie 2023 in seiner Biografie *Spare* (Reserve) bekanntlich öffentlich heftig angegriffen.

Die Chancen, dass Charles III. ein besserer König als seine beiden Vorgänger namens Charles wird, sind groß. Jedenfalls droht ihm keine Verurteilung zum Tod, und mehr als 14 Nachkommen von Mätressen dürften ihm auch nicht nachgewiesen werden können. Höchste Zeit für einen Blick zurück.

Charles I. (1600–1649) war von 1625 bis 1649 König von England. Schon aufgrund seiner jahrelangen Missachtung des Parlaments erwies er sich als politisch inkompetent. Nachdem zwei Aufstände und zwei Bürgerkriege England verwüstet hatten, wurde Charles I. im Januar 1649 von den eigenen Untertanen zum Verräter und Mörder erklärt und zum Tode verurteilt – wohlgemerkt, als erster europäischer Monarch überhaupt. Sein Versuch, den Kopf doch noch zu retten, lief schief. Denn die Richter hörten nicht auf ihn, als er rief: »Weil ich Euer König bin, könnt Ihr mir nicht den Prozess machen! Weil ich König bin, kann keine irdische Gewalt mich zur Rechenschaft ziehen.« Die irdische Gewalt schlug ihm am 30. Januar 1649 vor dem **Banqueting House** in Whitehall unbeeindruckt den Kopf ab.

Der älteste Sohn (1630–1685) erfuhr erst am 5. Februar 1649 vom Tod seines Vaters. **Charles II.** wurde daraufhin zwar zum neuen König von England proklamiert. Da aber zugleich das Parlament England zur Republik erklärte, übernahmen andere die Regierung. Als im September 1651 der Heerführer **Oliver Cromwell** den Kontrahenten Charles II. in der Schlacht von Worcester besiegt hatte, floh der ins Exil auf den Kontinent. Fortan regierte Cromwell als sogenannter Lordprotektor von England, Schottland und Irland. Nach seinem Tod begann 1658 eine große politische Krise, die 1660 zur Wiederherstellung der Monarchie und zur Verleihung der Königswürde an Charles II. führte. Als erstes ließ er damals Cromwells Leiche exhumieren und symbolisch köpfen.

Nach seiner Wiedereinsetzung verhielt sich Charles II. gegenüber den Untertanen offenbar ziemlich freundlich. The **Merry Monarch** (Vergnügter Monarch) war mit Katharina von Braganza verheiratet. Aus der Ehe gingen keine überlebenden Kinder hervor; freilich hatte der König wohl mehr als 14 Nachkommen von Mätressen. Während seiner Regentschaft eroberte die englische Flotte unter anderem Nieuw Amsterdam (später New York) von den Niederländern.

Zu Beginn der 1680er-Jahre entstand eine Krise, als die Parlamentsgruppe **Whigs** (von Whiggamore = Viehtreiber) mit einer antikatholischen Verschwörungstheorie versuchte, den Bruder des Königs von der

Thronfolge auszuschließen. Prompt löste Charles II. 1681 das englische Parlament auf und regierte bis zu seinem Tod 1685 allein. Ihm folgte sein Bruder James II. (1633–1701). Er herrschte als letzter katholischer Monarch Englands, Schottlands und Irlands bis zu seiner Absetzung in der **Glorious Revolution** 1688.

ENGLISCHE DRAMATIK

44

Wie außergewöhnlich war die Engländerin Lady Di(ana)?

ZIEMLICH. FÜR VIELE MENSCHEN WAR SIE NACH IHREM TOD DIE »KÖNIGIN DER HERZEN«.

Diana Spencer kam am 1. Juli 1961 im Park House auf dem königlichen Gut **Sandringham** in der englischen Grafschaft Norfolk zur Welt. 1964 trennten sich ihre Eltern. Die Scheidung erfolgte 1969, wobei Vater John das Sorgerecht für sie und die Geschwister zugesprochen bekam. Als 1975 Dianas Großvater Albert, der 7. Earl Spencer, starb, erbte John Spencer die Earlswürde und erhielten Diana und ihre Schwestern den Höflichkeitstitel »Lady«. Zugleich erfolgte der Umzug auf den Familiensitz **Althorp House** in Northamptonshire.

1970 begann für sie das Internatsleben in der Riddlesworth Hall School in Norfolk (seit 2023 aufgelöst). Sie entwickelte sich zu einer beliebten Schülerin. Ihre schulischen Leistungen waren eher durchschnittlich, ihre sportlichen jedoch sehr gut. Insbesondere bei Schwimm- und Tauchwettbewerben stand sie häufig auf dem Siegerinnen-Treppchen.

Von 1973 an besuchte Diana das Internat West Heath in Kent, wo sie zum einen durch ihre ausgeprägte emotionale Intelligenz auffiel und zum anderen weiterhin Schwimm- und zusätzlich Stepptanzwettbewerbe gewann. Ende 1977 verließ Diana das Internat ohne eine ausreichende Note in der Abschlussprüfung. Darufhin besuchte sie ein Mädchenpensionat im schweizerischen Rougemont, das sie nach einigen Wochen aber wieder verließ, um als Babysitterin und Kindergartenhilfe tätig sein zu können. Im Sommer 1979 zog sie mit einigen Freundinnen in ein Londoner Apartment und verdingte sich als Erzieherin in einem Kindergarten.

Diana lernte Prinz Charles im November 1977 bei einer Jagdgesellschaft kennen. Da die Spencers zu den bedeutenden Adelsfamilien Englands zählen, brachte Lady Diana ideale Voraussetzungen für eine Verschwägerung mit der Königsfamilie mit. Nicht zuletzt durch ihre protestantische Erziehung und die – jedenfalls behauptete – Jungfräulichkeit. Prinz Charles hatte zuvor eine zwei Jahre währende Liebesbeziehung mit Camilla Shand gepflegt, die aber endete, weil er ihr keinen Heiratsantrag machte. 1973 heiratete sie Andrew Parker Bowles.

Im Februar 1981 verlobten sich Diana und Charles. Die Hochzeit fand am 29. Juli 1981 in der **St Paul's Cathedral** vor 3.500 Gästen statt. Die Fernseh- und Hörfunkübertragung erreichte weltweit mehr als eine Milliarde Menschen. Am 21. Juni 1982 brachte Diana **Prince William** zur Welt. Dem Thronfolger folgte am 15. September 1984 mit **Prince Harry** ein zweiter Sohn – die *Reserve*. Die **Princess of Wales** gab ihren Söhnen mehr Erfahrungen mit auf den Weg als es für königliche Kinder üblich war. So plante sie deren Ausflüge und brachte sie häufig selbst zur Schule.

Im Laufe der 1980er-Jahre stieg Diana zur weltweit vielbeachteten Medienikone auf und galt eine Weile als am häufigsten fotografierte Frau auf Erden. Zugleich nahmen ab 1986 die Eheprobleme, Schwierigkeiten und Affären des Paares immer schädigendere Züge an. Im Dezember 1992 gab Premierminister John Major die »einvernehmliche Trennung« des Paares bekannt. Die Scheidung wurde 1996 vollzogen. Das Paar teilte sich das Sorgerecht für die Kinder und Diana erhielt eine einmalige Abfindung von 17 Millionen Pfund sowie 400.000 Pfund pro Jahr. Sie verlor den Titel »Ihre Königliche Hoheit«, blieb aber Diana, Princess of Wales, und auch Mitglied der königlichen Familie.

Lady Di unterstützte diverse Wohltätigkeitsprojekte. So engagierte sie sich für die Abschaffung von Landminen und widmete sich kranken und benachteiligten Menschen. Am Tag nach ihrer Scheidung kündigte sie ihren Austritt aus über 100 Wohltätigkeitsorganisationen an, behielt aber die Schirmherrschaft über sechs, darunter *The Leprosy Mission* und *National AIDS Trust*.

Am 31. August 1997 kam Diana, Princess of Wales, im Alter von 36 Jahren in Paris bei einem Autounfall ums Leben. Ihr unerwarteter Tod bewirkte zahlreiche Würdigungen durch die Öffentlichkeit. Viele Monate lang wurden massenhaft Blumen, Kerzen, Karten und persönliche Botschaften vor dem **Kensington Palace** für die »Königin der Herzen« abgelegt.

ENGLISCHE DRAMATIK

45

Welche berühmt gewordenen Engländer waren nicht blaublütig?

EINE GANZE MENGE. SHAKESPEARE ZUM BEISPIEL UND VIELE ANDERE.

An mutmaßlich oder tatsächlich als *weird* einzustufenden Königinnen, Königen und anderen Adeligen mehr mangelt es in der englischen Geschichte nicht. Es mangelt aber auch nicht an bedeutenden Persönlichkeiten, die weder blaublütig noch befremdlich waren. Zehn stelle ich nun vor:

William Shakespeare wurde am 26. April 1564 in Stratford-upon-Avon getauft und dort im Alter von nur 52 Jahren am 25. April 1616 beerdigt (sein Geburts- und Todesdatum sind nicht überliefert). Er ist der bislang bedeutendste englische Dramatiker und Dichter. Zu seinen weltweit viel gespielten Theaterstücken gehören *A Midsummer Night's Dream* (1595/96, dt.: Ein Sommernachtstraum), *Romeo and Juliet* (1595, dt.: Romeo und Julia), *King Lear* (um 1605, dt.: König Lear), *Hamlet, Prince of Denmark* (um 1601, dt.: Hamlet), *Othello* (um 1604) und *Macbeth* (um 1608).

Isaac Newton kam am 4. Januar 1643 in Woolsthorpe-by-Colsterworth, Lincolnshire, zur Welt und starb am 31. März 1727 in Kensington. Er wirkte als englischer Physiker, Mathematiker, Astronom, Alchemist, Philosoph und Verwaltungsbeamter. Newton erforschte die Gravitationskraft und veröffentlichte 1687 sein Hauptwerk: *Philosophiae Naturalis Principia Mathematica* (dt.: Sir Isaac Newton's Mathematische Principien der Naturlehre).

Charles Darwin erblickte am 12. Februar 1809 in Shrewsbury in den West Midlands das Licht der Welt und verstarb am 19. April 1882 in Down House in der Grafschaft Kent. Der bedeutende englische Gelehrte und Naturwissenschaftler ging 1831 an Bord der Beagle und begann seine fünf Jahre lang dauernde Südamerikareise. Dabei entdeckte er zahlreiche Pflanzen und Tiere. Vor allem aber machte Darwin die entscheidenden Beobachtungen für die von ihm entwickelte Evolutionstheorie. 1859 legte er die revolutionäre Theorie unter dem Titel *The Origin of Species* der Öffentlichkeit vor.

Charlie Chaplin, eigentlich Sir Charles Spencer, kam am 16. April 1889 in London zur Welt und verließ sie am 25. Dezember 1977 im schweizerischen Corsier-sur-Vevey. Der Komiker, Schauspieler, Regisseur, Drehbuchautor, Filmeditor, Komponist und Filmproduzent war der erste Weltstar des Kinos und gehört zu den wichtigsten Filmemachern der Geschichte. Charakteristisch für die Filme des gebürtigen Engländers ist die geschickte Verbindung zwischen Slapstick und ernsten, tragischen und sozialkritischen Elementen. 1922 lautete der Titel eines Artikels von Kurt Tucholsky: *Der berühmteste Mann der Welt*. Absolut sehenswert sind zum Beispiel seine Filme *Modern Times* (1936, dt.: Moderne Zeiten) und *The Great Dictator* (1940, dt.: Der große Diktator).

Alfred Hitchcock erblickte auch im Londoner Gebiet das Licht der Welt, exakt am 13. August 1899 in Leytonstone. Der englische Filmregisseur und Filmproduzent schuf für das Krimigenre Thriller wegweisende Filme, die zu Klassikern geworden sind. Etwa *Rebecca* (1940), *Dial M for Murder* (1954, dt.: Bei Anruf Mord), *Rear Window* (1954, dt.: Das Fenster zum Hof), *Psycho* (1960) und *The Birds* (1963, dt.: Die Vögel). Hitchcocks Gesamtwerk umfasst 53 Spielfilme und gehört sowohl hinsichtlich der Kritiken und wissenschaftlichen Beiträge als auch des Publikumserfolgs zum bedeutendsten der Filmgeschichte.

Elizabeth Taylor wurde am 27. Februar 1932 in London geboren und verstab am 23. März 2011 in Los Angeles. Die gebürtige Engländerin erlangte Starruhm bereits als Kinderdarstellerin. Sie wirkte in zahlreichen kommerziell erfolgreichen Filmen sowie in Fernsehsendungen mit und sorgte auch mit ihren acht Ehen für Schlagzeilen. Elizabeth Taylor erhielt zahlreiche Auszeichnungen als beste Hauptdarstellerin, darunter den Oscar für *Butterfield 8* (1960) und *Who's Afraid of Virginia Woolf?* (1966, dt.: Wer hat Angst vor Virginia Woolf?).

Stephen Hawking wurde am 8. Januar 1942 in Oxford geboren und verschied am 14. März 2018 in Cambridge. Der theoretische Physiker und Astrophysiker hatte von 1979 bis 2009 den renommierten Lucasischen Lehrstuhl für Mathematik an der Universität Cambridge inne. Hawking lieferte bedeutende Arbeiten zur Kosmologie (Urknall), zur allgemeinen Relativitätstheorie und zu Schwarzen Löchern. Zu den vielen erfolgreichen Werken des weltweit geschätzten Physikgenies gehört nicht zuletzt das auch verfilmte Buch *A Brief History of Time* (1988, dt.: Eine kurze Geschichte der Zeit).

John Lennon, der Mitgründer der berühmten Beatles, kam am 9. Oktober 1940 in Liverpool zur Welt und am 8. Dezember 1980 am New Yorker Central Park bei einem Attentat ums Leben. Der Musiker, Sänger, Gitarrist und Friedensaktivist schrieb mit Paul McCartney die meisten Stücke für **The Beatles**. Die Urheber- bzw. Komponistenpartnerschaft der beiden Engländer ist eine der erfolgreichsten in der Geschichte der Popmusik. Ab Ende der 1960er-Jahre veranstaltete John Lennon gemeinsam mit seiner zweiten Ehefrau Yoko Ono öffentlichkeitswirksame Happenings für den Weltfrieden. Nach der Trennung der Beatles startete Lennon eine erfolgreiche Solokarriere mit Alben wie etwa *Imagine* (1971).

Marianne Evelyn Gabriel Faithfull kam am 29. Dezember 1946 als Marian Evelyn Faithfull in London zur Welt und verstarb in der Metropole am 30. Januar 2025. Der Song „As Tears Go By“ machte den "Engel" Marianne Faithfull berühmt. In der Folgezeit avancierte sie zu einer Ikone der Swinging Sixties. Nach der Trennung von Mick Jagger landete Marianne Faithfull auf der Straße, wurden drogen- und alkoholabhängig. 1979 gelang ihr das Comeback mit dem Album *Broken English*, wobei sie den Kitsch ebenso wie die Rolling Stones hinter sich gelassen hatte. Als sie im Alter von 78 Jahren starb, hatte sie zwar einen Brustkrebs und Suizidversuche überlebt, aber Long Covid schwächte sie wohl zu stark.

Amy Winehouse erblickte am 14. September 1983 im nördlichsten Stadtbezirk von London, in Enfield, das Licht der Welt. Am 23. Juli 2011 wurde die Songschreiberin und Soul- und Jazz-Sängerin tot aufgefunden. Ihr 2003 vorgelegtes Debütalbum *Frank* entspricht dem mit leichten Hip-Hop-Beats versehenen Jazz der 2000er-Jahre. Der internationale Durchbruch gelang Amy Winehouse 2006 mit dem Album *Back to Black*. Zugleich ging sie retrobewusst zum Modestil der 1960er-Jahre über. Die Musikerin trat in ihrer achtjährigen Karriere auf vielen Konzerten in aller Welt auf, erhielt sechs **Grammy Awards** und profitierte vom Verkauf von mehr als 33 Millionen Tonträgern.

ENGLISCHE DRAMATIK

46

Wie heißt der sonderbarste Snack der englischen Küche?

SANDWICH. DIE BELEGTEN DREIECKIGEN TOASTBROTSCHEIBEN ENTSTEHEN IN EINEM NACH WIE VOR PROSPERIERENDEN INDUSTRIEZWEIG.

Es lebte einmal ein Earl, der aus einer Familie stammte, die zur *Gentry* von Northamptonshire gehörte. Er hieß John Montagu (1718–1792). Er spielte leidenschaftlich gern **Cribbage**, ein Kartenspiel für zwei. Während dieser Partien, die er nur ungern unterbrach, ernährte er sich häufig von zwischen zwei gerösteten Weißbrotscheiben gelegtem Rindfleisch, um mit der einen Hand essen zu können, während er mit der anderen spielte.

John Montagu war der 4. Earl of Sandwich. Das wiederum ließ nun einen seiner Mitspieler den Wunsch nach einem »bread like Sandwich« äußern, und diese Bitte wiederum zog den heute so verlockend klingenden wie beliebtesten Snack der englischen Küche nach sich: das **Sandwich**. Es gehört nicht zuletzt zum traditionellen Picknick fest dazu.

Noch zu Lebzeiten des 4. Earl of Sandwich benannte der englische Seefahrer **James Cook** eine Inselgruppe im Südatlantik nach ihm: die Südlichen Sandwichinseln. Zudem trägt der Süd-Sandwich-Graben mit 8.264 Meter Tiefe seinen Namen.

GOOD TO KNOW

Die heute teils angeberisch als **Great British Sandwich** offerierten dreieckigen Toastbrotscheiben mit Salatblättern und Belägen wie etwa Tunfischsalat oder Käse mit Tomatenscheiben werden seit Langem massenproduziert. Sandwiches treiben seit fast einem halben Jahrhundert einen Industriezweig an, der inzwischen mehr als 300.000 Beschäftigte hat und nach wie vor wächst. 2024 brachte Marks and Spencer eine Kombination von Cheddar-Käse mit dem umstrittenen Brotaufstrich Marmite auf Weißbrot auf den Markt, das in den sozialen Medien einen riesigen Widerhall erzeugte. Ob es dem 4. Earl of Sandwich wohl geschmeckt hätte?

ENGLISCHE DRAMATIK

47

Wer ist eigentlich der größte Immobilien- und Landbesitzer?

DER *NATIONAL TRUST FOR PLACES OF HISTORIC INTEREST OR NATURAL BEAUTY*. ER IST ALS GEMEINNÜTZIGE ORGANISATION IM BEREICH DER DENKMALPFLEGE UND DES NATURSCHUTZES IN ENGLAND, WALES UND NORDIRLAND TÄTIG.

Der im viktorianischen Zeitalter 1895 gegründete *National Trust* ist inzwischen Englands größter Immobilien- und Landbesitzer (Schottland hat eine eigene Organisation).

Gegenwärtig besitzt diese gemeinnützige Organisation mehr als 2.500 km^2 Land. Dazu gehören um die zehn Prozent der gesamten Küstenlinie und ein Viertel des **Lake District**. Land- und Herrenhäuser, Schlösser und Gärten wie zum Beispiel St. Michael's Mount, Attingham Park, Bateman's, Chartwell, Corfe Castle, Cliveden, Hardwick Hall, Polesden Lacey und Sissinghurst gehören ebenso dazu wie die ehemaligen Wohnstätten 20 Forthlin Road und 251 Menlove Avenue von John Lennon und Paul McCartney.

Das Ziel der Gründerin und Gründer, der Sozialarbeiterin **Octavia Hill**, die für bessere Wohnbedingungen kämpfte, dem Rechtsanwalt Sir Robert Hunter und dem Pfarrer Canon Hardwicke Rawnsley bestand darin, gefährdete Bauwerke und Landschaften von historischem Interesse oder besonderer Schönheit für die Allgemeinheit zu sichern und zu bewahren. Schließlich hatte die Industrialisierung immer mehr Bereiche der englischen **Countryside** mit Beschlag belegt und dabei zahlreiche Bauwerke zerstört und Landschaften von historischem und kulturellem Interesse verhunzt. Die Gründer vertraten übrigens die Auffassung, dass zu rettende Gebäude und Grundstücke keinesfalls in den Besitz von Staat oder Privatunternehmen gehören. Einmal erworbene »Schätze« dürfen laut den Vereinsstatuten nicht wieder verkauft werden.

Den ersten großen Erfolg hatte die gemeinnützige Organisation 1907, als ein Parlamentsbeschluss dem *National Trust* offiziell die »permanent preservation for the benefit of the nation of lands and tenements (including building) of beauty or historic interest« zugestand. Ab 1937 ermöglichte ein Gesetz das Erlassen der Erbschaftssteuer für dem Trust übergebene Anwesen. Seitdem konnten nicht zuletzt diverse große Herrensitze gerettet werden, wobei viele von ihnen noch von der Adelsfamilie bewohnt sind, der sie einmal gehörten.

Mit fast sechs Millionen Mitgliedern ist der *National Trust* gegenwärtig die größte Organisation Europas für Kultur- und Naturschutz. Rund 53.000 Freiwillige halten ihn neben den 14.000 Beschäftigten am Laufen. Ach ja, wer mehrere Trust-Sehenswürdigkeiten allein oder in Begleitung besuchen möchte, sollte zum **Explorer Pass** greifen.

Das Denkmal **Stonehenge** übrigens gehört zwar nicht dem *National Trust*, die 850 Hektar Land, auf dem dieses prähistorische Weltwunder steht, aber schon. Mitglieder des Trusts genießen freien Eintritt, obwohl das Denkmal selbst vom **English Heritage** betreut wird. Diese staatliche Institution wacht über rund 12.500 schützenswerte Denkmäler und rund 300.000 Gebäude.

GOOD TO KNOW

Es gibt in England noch zwei Herzogtümer: Das Duchy of Cornwall im Privatbesitz des Prince of Wales (Duke of Cornwall) und das Duchy of Lancaster im Privatbesitz des Monarchen – also König Charles III. Zum Herzogtum Cornwall gehörten 2022 Ländereien mit einer Gesamtgröße von gut 540 km^2. Das Herzogtum umfasst zudem land- und forstwirtschaftliche Betriebe in Devon, Herefordshire und Somerset sowie die Scilly-Inseln. Der erwirtschaftete Gewinn des Herzogtums beträgt um die 20 Millionen Pfund. Zwar ist es als königliches Gut nicht steuerpflichtig, jedoch führt es seit 1993 freiwillig Einkommens- und Kapitalertragsteuern ab.

ENGLISCHE DRAMATIK

48

NHS – ein Kürzel zum Verrückt-werden?

BISLANG IST ES DAS LEIDER. NICHT ZULETZT WEGEN DER LÄNGSTEN WARTELISTEN FÜR NOTWENDIGE OPERATIONEN IN WESTEUROPA.

Die in der Unterhauswahl am 5. Juli 1945 ins Amt gewählte *Labour*-Regierung von Clement Attlee (1883–1967) bescherte den Menschen im Vereinigten Königreich in den folgenden Jahren einen modernen Sozialstaat. Mit dem **National Health Service** (**NHS**) entstand ab 1946 ein umfassender öffentlicher Gesundheitsdienst unter staatlicher Verwaltung. Anders als in der Bundesrepublik, wo das Gesundheitssystem durch einkommensabhängige Sozialversicherungsbeiträge finanziert wird, handelt es sich auf der Insel um eine wohlfahrtsstaatliche Leistung aus Steuermitteln. Die Gesundheitsdienste sind für die gesamte Bevölkerung bis auf einige Gebühren kostenlos.

Der *NHS* wird von vier überwiegend eigenständigen Organisationen in England, Wales, Schottland und Nordirland betrieben und versorgt an die 66 Millionen Menschen medizinisch in Arztpraxen und Krankenhäusern. Grundsätzlich können die Briten sich privat absichern (was die Vermögenden zumeist tun) oder eine Zusatzversicherung abschließen. Insgesamt wurden 2024 vom NHS um die 1,6 Millionen Mitarbeiterinnen und Mitarbeiter für recht mageren finanziellen Lohn beschäftigt. Eine erhebliche Auswirkung auf die Personalstruktur im *NHS* hatte der Brexit, denn viele Angestellte aus EU-Mitgliedstaaten wanderten danach ab.

Der *National Health Service* steckt seit Längerem in einer großen Krise. So wurden unter Premier David Cameron ab 2010 die öffentlichen Investitionen ins Gesundheitswesen massiv gedrückt und die Konkurrenz von Privatmedizin gepusht. Kritiker beklagen, der NHS sei nur noch die öffentliche Fassade für zahlreiche private Gesundheitsunternehmen. Lange Wartelisten sind in England die Normalität, um einen Termin beim Hausarzt muss fast schon gebettelt werden und es gibt zahlreiche Praxen, die keine neuen Patienten mehr aufnehmen. Rund 7,5 Millionen Menschen standen 2024 auf der Warteliste von Krankenhäusern, deren

Notaufnahmen laut der Labour-Regierung teils in einem »schrecklichen Zustand« sind. Darüber hinaus sind Krankenhäuser nicht renoviert und technische Geräte nicht erneuert worden, fehlen Aktualisierungen der IT-Systeme. Das Königreich hält nicht zufällig den Rekord der längsten Wartelisten für notwendige Operationen in Westeuropa. Nicht zuletzt wird beim Lächeln von Mitmenschen sichtbar, dass zahlreiche Briten die erforderlichen Zuzahlungen bei Zahnarztbesuchen scheuen oder ihnen das Geld dafür fehlt.

Im Kern erfüllt der *NHS*, der vielen Briten heilig ist, gewiss seine Aufgaben, von einer wirklich guten Volksversorgung kann aber längst keine Rede mehr sein. »Der NHS ist kaputt, aber er ist nicht am Ende«, verkündete die im Juli 2024 gewählte neue Labour-Regierung. Sie will das Gesundheitssystem reparieren und hat dafür einen Zehn-Jahres-Gesundheitsplan entwickelt, der den *NHS* in einen bürgernahen Gesundheitsdienst verwandeln soll. Als eine der wichtigsten Maßnahmen gilt die Einrichtung neuer lokaler Gesundheitszentren. Auch sollen wartende Krankenhauspatienten abends und am Wochenende Termine bekommen, und das Personal der Zahnarztpraxen soll aufgestockt werden. Wie es scheint, könnte das Kürzel *NHS* in einiger Zeit wieder ungewöhnlich ansprechend wirken. **Wait and see** – zu gut Deutsch: Abwarten und Tee trinken.

GOOD TO KNOW

Touristen und Reisende aus der EU und dem EFTA-Raum haben bislang im Notfall ebenfalls Anspruch auf eine gebührenfreie medizinische Versorgung des **NHS** (Stand 2023).

ENGLISCHE DRAMATIK

49

Verkommt England zu einem gespenstischen Sozialstaat?

FÜR EIN FÜNFTEL DER BEVÖLKERUNG ALLEMAL. DIE ANGST VOR DEM *SHIT-LIFE-SYNDROM (SCHEISSLEBEN-SYNDROM)* NIMMT SEIT JAHREN ZU.

Bei den Wahlen unmittelbar am Ende des Zweiten Weltkriegs erzielte die **Labour Party** unter Clement Attlee einen Erdrutschsieg. Sie plante mehr soziale Gerechtigkeit durch die Einführung des *National Health Service*, die Erweiterung des sozialen Wohnungsbaus und die Verstaatlichung wichtiger Industrien. In der Tat entwickelte sich ab Mitte der 1950er- und dann in den 1960er-Jahren ein wachsender Wohlstand. Die Modernisierung der Wirtschaft schritt voran und London prosperierte als internationaler Finanzplatz. Während dieses »goldenen Zeitalters« lag die britische Arbeitslosigkeit bei lediglich zwei Prozent.

In den 1970er-Jahren klangen die kulturrevolutionären **Swinging Sixties** zumal im *Swinging London* mit der **Carnaby Street** aus, wurden die Zeiten durch wirtschaftliche Krisen und massive gewerkschaftliche Streiks so düster wie in den Tagen von Charles Dickens. Die Krise kulminierte 1978/79 im **Winter of Discontent** und der Wahl von Margaret Thatcher, die von Mai 1979 bis November 1990 als erste weibliche Premierministerin agierte.

Ab Beginn der 1980er-Jahre ging es unter der **Iron Lady** Thatcher sozialpolitisch bergab, drängte in den folgenden Jahrzehnten die überwiegend von den *Tories* geprägte Regierungspolitik auf die Verschlankung des Wohlfahrtsstaats, den Ausbau des Marktfundamentalismus und harter Kürzungen der Sozialhilfe. Die *Tories* befeuerten die Zunahme der sozialen Ungleichheit und eines traditionellen Nationalismus, der 2016 zum Brexit führte. Nicht erst seit dem Ausstieg aus der **EU** geht es im Zentrum des einst so stolzen *Empire* immer mehr Menschen immer schlechter.

2024 konnten im Königreich fast drei Millionen Menschen trotz Vollzeitjobs ihre Schulden nicht mehr bedienen, überstieg die Zahl von 2.800 Tafeln die der Büchereien. Gegenwärtig leben 12 Millionen Briten in Armut, also fast ein Viertel der Bevölkerung. In den vergangenen Wintern starben jeweils etwa 5.000 Personen an den Folgen unterkühlter Wohnungen. Die Zahl der Menschen in ernährungsunsicheren Haushalten betrug mehr als sieben Millionen, darunter fast 4,5 Millionen **Kids**.

Jedes fünfte Kind bekommt den Sozialverbänden zufolge nicht genug zu essen, weil die Familie sich keine drei Mahlzeiten leisten kann. Mehr als drei Millionen Kinder sind von absoluter Armut betroffen, weil das Realeinkommen ihres Elternhaushaltes weniger als 60 Prozent des mittleren Einkommens der Briten beträgt. Nach Angaben der *Child Poverty Action Group* lebt inzwischen davon mehr als eine Million Kids in Elend, weil sich die Eltern regelmäßig keine Unterkunft, Heizung, Licht und überlebenswichtige Dinge wie Essen, Trinken und Kleidung leisten können. (Stand 2023; der Anteil Englands an dieser UK-Malaise beträgt gut Dreiviertel.)

Eine 2024 publizierte Analyse des englischen Dachverbandes *Trades Union Congress* (**TUC**) erhellt, dass in Ostengland fast jedes fünfte Kind in einem erwerbstätigen Haushalt in Armut aufwächst, weil die »toxische Kombination« aus Lohnstagnation, zunehmend unsicherer Arbeit und Kürzungen bei der sozialen Sicherheit offenbar »verheerende Auswirkungen« auf die Familienbudgets hat.

Vor dem Amtsantritt Margaret Thatchers 1979 betrug die Armutsquote 14 Prozent. 2024 lag sie rund 50 Prozent höher bei 21 Prozent. Immer mehr Briten werden Opfer von Pathologien und Abhängigkeiten, dem **Shit-Life-Syndrom** (Scheißleben-Syndrom). In den am stärksten benachteiligten Regionen, in denen die Menschen heute zehn Jahre früher sterben als anderswo, ist die Lebenserwartung tendenziell rückläufig. Sieht so ein moderner Sozialstaat aus? Gewiss nicht. Da bei der Unterhauswahl am 4. Juli 2024 die Labour-Party einen überwältigenden Wahlsieg errang, könnte und sollte sie in den kommenden Jahren an ihre Politik nach dem Gewinn der Unterhauswahl am 5. Juli 1945 anknüpfen. War sie es doch, die damals in England und den anderen drei Ländern des Königreichs den modernen Sozialstaat aufbaute und nicht zuletzt einen umfassenden Kinder- und Jugenddienst zur Betreuung benachteiligter und verwaister Kinder einrichtete.

ENGLISCHE DRAMATIK

50

Wann ist etwas wirklich nicht feine englische Art?

WENN SICH MENSCH UNGEBÜHRLICH BENIMMT. ETWA DURCH RESPEKT- UND RÜCKSICHTSLOSES VERHALTEN.

Was einer echt englischen Art entspricht, steht im **Debrett's**. Die 1769 von John Debrett in London gegründete Firma gilt nach wie vor als die Institution für Fragen der angemessenen Etikette, der Umgangsformen und des Stils. In deutscher Sprache gibt es das Nachschlagewerk unter dem Titel: *Die feine englische Art von A–Z.*

In England wird mehr Wert auf unverbindliche Höflichkeitsformen gelegt als in deutschen Landen. Der übliche Ratschlag für Deutsche wie mich lautet, die quasi kultivierte Direktheit zu drosseln und den Umgangston so zu schleifen, dass er nicht mehr rau klingt. Denn sonst würde unsereins mit der **stiff upper lip** (steifen Oberlippe) Bekanntschaft machen, weil die Einheimischen auf als Zumutung empfundene Unhöflichkeiten demonstrativ emotionslos zu reagieren pflegen. Meiner Erfahrung nach empfiehlt es sich im Zweifelsfall, kritische Anmerkungen durch einen betont höflichen Sprachstil abzuschwächen.

Die feine englische Art besteht – jedenfalls auf geduldigem, edlen Papier – aus einem respekt- und rücksichtsvollen und nicht zuletzt zurückhaltenden Verhalten. So beginnen Gespräche am besten mit einem **Smalltalk**, also mit einem Austausch von Nichtigkeiten: »Nice weather, isn't it?« Absolut nicht zur feinen englischen Art gehören zielgerichtet persönliche Fragen. Grundsätzlich geht es vielen Engländerinnen und Engländern bei einem Treffen um eine zunächst möglichst unverfängliche Gesprächsführung. Kritik wird darum generell nur sehr vorsichtig und indirekt geäußert. Wer eine Bitte mit der Formulierung »I was wondering if...« einleitet, ist bereits auf dem Schnellweg zur feinen englischen Art. Für das stille Erdulden von als ungerecht oder fehlerhaft empfundenen Gegebenheiten gibt es die grandiose Formel: »Mustn't grumble«.

ENGLISCHE DRAMATIK

51

Fahren an **Platform 9 ¾** im Bahnhof King's Cross Express-Züge ab?

FRÜHER SCHON. HEUTZUTAGE IST DIE ABFAHRT EINES *HOGWARTS EXPRESS* NICHT GARANTIERT.

In J. K. Rowlings Harry-Potter-Büchern transportiert zum Schuljahresbeginn der **Hogwarts-Express** die magiebegabten Heldinnen und Helden von King's Cross zum Bahnhof Hogsmeade nahe der Hogwarts School of Witchcraft and Wizardry. Dieses Internat für Hexerei und Zauberei liegt an einem geheim gebliebenen Ort in Schottland. Um zu dem dampflokbetriebenen Sonderzug am Bahnsteig 9 ¾ zu gelangen, mussten die Zöglinge erst durch eine Mauer gehen.

Gegenwärtig lassen sich im hinteren Teil von King's Cross alltäglich unzählige Potter-Fans mit umgelegten Hufflepuff- oder Gryffindor-Schulschals vor einem scheinbar halb in der Wand versunkenen Gepäckwagen fotografieren, um daraufhin im *Harry Potter Shop* die überwiegend teuren Utensilien zu bestaunen.

Von 2001 bis 2011 wurden die Bestseller in acht Teilen verfilmt. **Platform 9 ¾**, der Drehort in King's Cross, liegt freilich nicht zwischen Gleis 9 und 10, sondern zwischen den Gleisen 4 und 5. Die Bahnhofs-Außenaufnahmen erfolgten am benachbarten **St. Pancras**, weil dessen gotischer Stil mehr gefiel.

Da der Zug *Platform* 9 ¾ jedes Jahr am 1. September um 11 Uhr morgens verließ, kamen bislang tausende in Zaubermäntel gekleidete *Potter-Heads* genau an diesem Tag und zu diesem Zeitpunkt in den Bahnhof King's Cross, um den **Back to Hogwarts Day** zu feiern. Schließlich erfolgte dann eine Durchsage und erschien auf der Anzeigetafel ein Hinweis auf den *Hogwarts Express* nach Hogsmeade. »Departs from Platform Nine and Three Quarters. A Hogwarts Express service.« Als jedoch 2024 nach dem Countdown in Erwartung der Durchsage alles ruhig blieb, brachen laute Buhrufe aus. Der Bahnhofsbetreiber hatte zuvor bekannt gegeben, dass es wegen Überfüllung und aus Sicherheitsbedenken keine Ansagen geben würde. Interessierte **muggles** sollten sich in Zukunft vor dem 1. September darüber informieren, ob die Abfahrt des *Hogwarts Express* auch klappt, also angekündigt wird.

ENGLISCHE DRAMATIK

52

Gruselig miserable Küche oder erlesene **cuisine anglaise?**

DIVERSE KÖCHE GEBEN DER ENGLISCHEN KÜCHE GEGENWÄRTIG UNGEAHNTEN PFIFF. DER TV-KOCH JAMIE OLIVER ZUM BEISPIEL.

Ist das englische Essen scheußlich? Muss ich nun von seltsam verkochtem Gemüse, von totgekochten Stews und Mashed Peas im Gravy-Sumpf erzählen? Scherz beiseite. Die englische Küche wurde im 19. Jahrhundert schon deshalb für ihre exquisite Qualität gerühmt, weil die Köche der damals weltgrößten Kolonialmacht auf jede Menge außergewöhnliche Zutaten, Gewürze und Rezepte zurückgreifen konnten. Als im Laufe des 20. Jahrhunderts in den Herrenhäusern die Zahl der Hausangestellten und Köche immer stärker schrumpfte, verlor die erlesene **cuisine anglaise** zwar einigen Ruf, die Kochkunst aber wurde nun in namhaften Hotels und Restaurants und zunehmend von französischen Köchen aufrechterhalten. Kaum zufällig stieg in den *Swinging Sixties* das prosperierende London zu einer der Hauptstädte mit den meisten **Michelin**-Sternen auf.

Leute, die die chinesische und indische Kochkunst schätzen, finden in England jede Menge entsprechende und gute Restaurants vor, ganz abgesehen von den im Alltag schier unentbehrlichen chinesischen und indischen Take-Aways. In diesem 21. Jahrhundert prägen stetig mehr innovative und kreative Köche das kulinarische Geschehen auf der Insel. **Nigel Slater** und **Rick Stein** zum Beispiel geben der englischen Küche auch als Kochbuchautoren und Fernsehmoderatoren ungeahnten Pfiff, **Jamie Oliver** sagte als TV-Koch und weltweit bekannter Autor den Fertiggerichten den Kampf an und setzt sich für gesundes Essen in den Schulen ein. Der Sohn von Queen Camilla, Tom Parker Bowles, hat sich als Gastrokritiker einen Namen gemacht und veröffentlicht Bücher über königliche Rezepte und royale Küchentraditionen.

1947 veröffentlichte der herausragende Schriftsteller George Orwell (1903–1950) seinen Essay: *In Defence of English Cooking.* Und in der Tat gibt es so einige Delikatessen und Gerichte, die aus der englischen Küche nicht wegzudenken sind und – könnerhaft zubereitet – einfach außergewöhnlich gut schmecken. Einige möchte ich hier nennen:

Cauliflower cheese. Die Speise kommt als vegetarische Beilage oder Hauptgericht auf den Tisch. Es handelt sich um einen Blumenkohlauflauf, der mit einer cremigen Käsesauce übergossen und im Ofen gebacken wird, bis er blubbert und goldgelb ist.

Toad in a Hole. Die »Kröte im Loch« besteht aus Würstchen, die in einen dickflüssigen Yorkshire-Pudding-Teig eingebettet werden. Das herzhafte Gericht wird so lange gebacken, bis der Teig aufgegangen und goldbraun ist. Serviert wird es mit Gemüse, Bratensoße und Kartoffelbrei.

Steak and Ale Pie. Diese traditionelle Speise besteht aus in einer reichhaltigen Biersauce geschmortem und anschließend in einer Teigkruste gebackenem zarten Rindfleisch. Probieren dieser köstlichen Kombination geht über Studieren.

Shepherd's Pie. Das Gericht besteht aus einer mit Gemüse und Kräutern vermischten Lage aus würzigem Hackfleisch (Lamm oder Rind). Abgedeckt wird sie mit cremigem Kartoffelpüree, das goldbraun und knusprig gebacken wird.

Sunday Roast. Sonntag Mittag gibt es für mich nichts Besseres als dieses traditionelle Fleischgericht aus Rind-, Lamm- oder Hühnerbraten, das mit gerösteten Kartoffeln, Gemüse, Yorkshire-Pudding und Bratensoße für Sättigung sorgt.

GOOD TO KNOW

Yorkshire-Pudding wird aus einem Teig aus Mehl, Milch, Eiern und Salz hergestellt. Der Teig wird entweder fingerdick in einer Auflaufform bei starker Hitze im Ofen goldbraun gebacken oder portionsweise in kleine Pastetenformen gegossen. Er heißt so, weil der Teig früher in den heißen Kohleöfen von Yorkshire knusprig und fluffig wurde.

Sticky Toffee Pudding. Passend als Dessert ist dieser saftige und warm servierte Kuchen, der in einer reichhaltigen Toffee- bzw. Karamell-Soße getränkt ist. Das süße Vergnügen gewinnt durch eine Kugel Vanilleeis oder einen Schlag Sahne.

Apple Crumble and Custard. Diese Nachspeise besteht aus Äpfeln, die mit einer knusprigen Streuselschicht aus Butter, Mehl und Zucker bedeckt sind. Eine warme Vanillesoße (Custard) rundet den Geschmack ab.

ENGLISCHE DRAMATIK

53

Hat der Trainer der **Three Lions** seine fünf Sinne patriotisch beisammen?

ALSO DIE SINNE FÜR ERFOLG GARANTIERT. IM ÜBRIGEN IST ER MIT DEM FUSSBALL IN ENGLAND »PERSÖNLICH VERBUNDEN«.

Mit einem Lächeln im Gesicht und schwungvollen Schrittes betrat im Oktober 2024 ein Mann den Presseraum des Wembley-Stadions in London, der weiß, wie man Titel gewinnt. Der 51-Jährige zog zwei Merkblätter aus seinem dunklen Jackett und begann seine erste Amtshandlung als künftiger Fußball-Nationaltrainer im selbsterklärten Mutterland des Fußballs mit den Worten: »Es tut mir leid, ich habe nur einen deutschen Pass.«

Die zahlreichen Honoratioren und Medienvertreter nahmen es erheitert zur Kenntnis. Ihnen war klar, dass der erste deutsche **Three-Lions-Coach** mit Vorbehalten aller Art konfrontiert werden würde. Der neue Trainer selbst fuhr fort: »Hoffentlich kann ich Sie überzeugen, Ihnen zeigen und beweisen, dass ich stolz bin, Englands Trainer zu sein, und alles tun werde, was ich kann, um dieser Aufgabe gerecht zu werden.« Und er ergänzte, er fühle sich wegen der Zeit bei den **Blues** mit dem Fußball in England »persönlich verbunden«.

Die Hoffnung der englischen Fans auf einen zweiten Gewinn des *World Cups* nach dem von 1966 will der Deutsche nicht enttäuschen. Bei der nächsten WM sollen ihm zufolge die 60 schmerzenden Jahre ohne Titelgewinn endlich enden. Ganz zu schweigen von der EM 2028, bei der England Mitgastgeber ist. Wobei 1966 in **Wembley** der 4:2-Sieg der *Three Lions* gegen *West Germany* durch ein Tor zustande kam, dass legendär geworden ist, weil der Lattenschuss von Hurst in der 101. Minute samt Abpraller eigentlich kein Tor war. Obwohl es dem deutschen Trainer der *Three Lions* womöglich egal ist, dass die Spieler um Uwe Seeler damals unglücklich das Endspiel verloren, ließ die Zeitung *Daily Mail* nach seiner Berufung ahnungsvoll raunend wissen: »England muss bis zum letzten Mann im Trikot englisch sein. Wir brauchen keinen **Thomas Tuchel**, sondern einen Patrioten, für den das Land an erster, zweiter und dritter Stelle steht.«

ENGLISCHE DRAMATIK

54

Müssen Deutsche einen Rappel haben, wenn sie in England sein wollen?

NICHT UNBEDINGT. ALS ERSTE »DEUTSCHE« SIEDELTEN SICH UM 440 DIE ANGELSACHSEN IN ENGLAND AN – VON IHNEN LEITET SICH BEKANNTLICH AUCH DER NAME DES LANDES AB. DEN ANGELSACHSEN FOLGTEN IM MITTELALTER…

… hanseatische Kaufleute aus Norddeutschland und nach der Reformation protestantische Flüchtlinge, die aufgrund der Religionskriege über den Kanal flüchteten. Am Ende des 17. Jahrhunderts wirkte im Königreich England eine deutsche Gemeinschaft aus Geschäftsleuten, Zuckerbäckern und anderen Wirtschaftsmigranten mehr.

Im Jahr 1709 – kurz nach der Gründung des Königreichs Großbritannien – begann die Masseneinwanderung der **Palatines**, verelendeter Pfälzer. Jedoch stellte die Versorgung der schließlich mehr als 11.000 deutschen, mittellosen und der Sprache nicht mächtigen Immigranten die Obrigkeit vor massive Probleme und löste eine Regierungskrise aus. Viele von ihnen wurden schließlich nach Irland und in die nordamerikanischen Provinzen New York und Carolina verbracht.

Nachdem 1714 der aus Hannover gebürtige King George I. den britischen Thron besetzt hatte, hatten er und ab 1727 George II., ab 1760 der wahnsinnig geendete George III., ab 1811 der unseriöse George IV. und ab 1830 William IV. eine deutsche Ehefrau. Ab 1837 trat als Ehemann von Königin Victoria ihr deutscher Cousin Albert von Sachsen-Coburg und Gotha auf, bis ab 1901 Edward VII. eine dänische Prinzessin einführte. Dessen Sohn, der spätere König George V., nahm dann wieder eine Deutsche zur Frau.

Während des Nationalsozialismus flohen zahlreiche deutsche Jüdinnen und Juden ins Vereinigte Königreich, beispielsweise Sigmund Freud und Max Born. Nur einige kehrten nach 1945 in deutsche Lande zurück. Vom 1. Dezember 1938 bis zum 1. September 1939 wurden 10.000 jüdische Kinder zumeist aus Deutschland und Österreich mit Bahnen und Schiffen von Holland aus nach England geschickt. Sie überlebten das Nazi-Reich, ihre Eltern zumeist nicht. Heutzutage bilden die Deutschen in England bzw. im Vereinigten Königreich die viertgrößte Minderheitengruppe des Landes.

ENGLISCHE DRAMATIK

55

Macht es noch Sinn, nicht ausschließlich Englisch zu sprechen?

DIE BESTE ANTWORT WÜRDE LAUTEN: *NO COMMENT*. JEDENFALLS DRINGT DAS ENGLISCHE ZUNEHMEND IN DIE DEUTSCHE MUTTERSPRACHE EIN.

Die frühesten Formen des Englischen gehen auf die Angelsachsen zurück, die das Land im 5. Jahrhundert in Besitz nahmen. Diese germanischen Stämme brachten ihre eigene Sprache mit. Dieser sogenannten altenglischen Periode (5. bis 11. Jahrhundert) folgte die normannisch beeinflusste mittelenglische Periode (11. bis 15. Jahrhundert), aus der dann ab dem 16. Jahrhundert die noch währende moderne englische Periode hervorging. Aspekte wie nicht zuletzt Grammatik und Rechtschreibung der Sprache haben sich im Laufe der Jahrhunderte geändert. Und der Wortschatz des **Modern English** wird aufgrund der technischen und wissenschaftlichen Entwicklungen sowie der anhaltenden Globalisierung der englischen Sprache laufend größer.

Im Englischen gibt es sehr viele regionale Akzente und verschiedene Dialekte. Ein berühmter Akzent ist **Cockney**, das sich aus dem Dialekt der ärmeren Arbeiterklasse im East End von London entwickelt hat.

Modernes Englisch ist eine reichhaltige und flexible Sprache, die weltweit von mehr als 1,5 Milliarden Menschen als Erst- oder Zweitsprache gesprochen wird. Hingegen sprechen kaum mehr als 130 Millionen Menschen Deutsch als Mutter- oder Zweitsprache. Bei den meisten Konferenzen auf internationaler Ebene ist Englisch die Umgangssprache, und immer mehr zu Ruhm kommende Musikerinnen und Musiker singen und erzählen in englischer Sprache. Nun gibt es hörbar nicht nur ein korrektes Englisch, sondern das **British English**, das immer dominantere **American English,** das **Australian English** und nicht zuletzt das vereinfachte **Pidgin-English.**

Da der sprachliche Wandel auch das Deutsche immer englischer macht, kommt zusätzlich eine Variante ins Spiel, die der Sprach- und Medienkritiker Peter Littger **English made in Germany** nennt. Mir fällt dazu sofort das Wort Handy ein, dass keine ans **mobile phone** gewöhnte englische Person kennt. Der in der westgermanischen Sprachgemeinschaft existente Urwortschatz nebst grammatisch-funktionaler Logik erleichtert uns Deutschen (und z. B. auch den Holländern) das Erlernen der englischen Sprache und die Übernahme von Wörtern und Sprüchen. Immerhin beträgt der Anteil der alten germanischen Sprache am Modern English ein gutes Viertel.

Gab es in den 1950er-Jahren gut 2.000 englischsprachige Begriffe im deutschen Wortschatz, sind es gegenwärtig circa 45.000 mit einem Anteil von fast zehn Prozent. Zu den rasant in die deutsche Sprache eingedrungenen Wörtern und Phrasen gehören etwa *Lockdown*, *Homeschooling*, *Homeoffice*, *Gamechanger*, *Selfie* und *Hashtag*. Unübersehbare Wendungen lauten **Coffee to go** und **Public viewing**, in Mode kommende *Climate Mobility Challenge* oder *Flattening the Curve*.

Die Anglisierung des modernen Deutsch führt zu einer Vermischung der Sprachen, die fast in allen Lebensbereichen zwischen *Coaches* und *Shop Attendants* zum Tragen kommt. Der Pizzashop delivers immer **on point**, versteht sich. Zwar treten im einfachen Satzbau deutliche Ähnlichkeiten zwischen dem Englischen und Deutschen hervor – beispielsweise: I sit on a chair = Ich sitze auf einem Stuhl. Da laut Umfragen aber dennoch gut die Hälfte der deutschen Bevölkerung »wenig bis gar kein Englisch« kann, wird die laufende Anglisierung im deutschen Sprachraum zumindest wachsende Missverständnisse mit sich bringen.

Rein sprachhistorisch betrachtet scheint mir die Frage, ob das Englische nicht eines Tages die deutsche Muttersprache völlig durchsetzen oder sogar vergessen machen wird, irgendwie *weird*. Schließlich haben beide Sprachen germanische Wurzeln, wie schon die offensichlich enge Verwandtschaft so grundlegender Wörter wie Mutter = mother und Vater = father erhellt.

LITERATURHINWEISE

Julian Barnes: England, England. Roman. Aus dem Englischen von Gertrude Krueger, Köln 1999.

Anja Birne: Romantische Gartenreisen in England: Zu Besuch in romantischen Gärten mit den besten Geheimtipps, München 2024.

Debrett's: Die feine englische Art von A–Z. Aus dem Englischen von Dieter Fuchs und Anja Herre, Stuttgart 2020.

Annette Dittert: London Calling. Als Deutsche auf der Brexit-Insel, Hamburg 2020.

Holger Ehling: England: Ein Länderporträt, Berlin 2016.

Adam Fletcher: So sorry. Ein Brite erklärt sein komisches Land. Mit Illustrationen von Robert M. Schöne. Aus dem Englischen von Ingo Herzke, München (3. Aufl.) 2022.

Kristina Gehrmann: Bloody Mary. Die Geschichte der Mary Tudor, Hamburg 2021.

James Hawes: Die kürzeste Geschichte Englands, Berlin 2021.

Thomas Kielinger: Die Königin. Elisabeth I. und der Kampf um England, München 2019.

Johann-Günther König: Die spinnen die Briten. Das Buch zum Brexit, Reinbek 2016.

Ders.: Pubs in London. Eine literarische Kneipentour (E-Book), Bremen 2014.

Marion Löhndorf: Geschüttelt, aber ungerührt. Was England anders macht, Springe 2021.

Catherine Mayer: Charles III. Mit dem Herzen eines Königs. Die Biografie. Aus dem Englischen von Andreas Gressmann, Sabine Lohmann u.a., München 2022.

Ian Mortimer und Karin Schuler: Im Rausch des Vergnügens: Eine Reise in das England von Jane Austen und Lord Byron, München 2024.

Nele Pollatschek: Dear Oxbridge. Liebesbrief an England, Berlin 2020.

Anna Regeniter und Hans-Günter Semsek: Reiseführer England – Norden und Mitte, Bielefeld 2024.

Dies.: Reiseführer England – der Süden, Bielefeld 2024.